LES

MOHICANS

DE PARIS

PAR

ALEXANDRE DUMAS

14

PARIS
ALEXANDRE CADOT, ÉDITEUR
37, rue Serpente.

1855

LES MOHICANS DE PARIS

Ouvrages de A. de Gondrecourt.

Le Baron Lagazette.	5 vol.
Le Chevalier de Pampelonne.	5 vol
Mademoiselle de Cardonne.	3 vol.
Les Prétendants de Catherine.	5 vol.
La Tour de Dago.	5 vol.
Le Bout de l'Oreille.	7 vol.
Un Ami diabolique.	3 vol.
Médine.	2 vol.
La Marquise de Candeuil.	2 vol.
Le Légataire.	2 vol.
Le dernier des Kerven.	2 vol.
Les Péchés mignons.	5 vol.

Ouvrages d'Alexandre Dumas fils.

Le Roman d'une Femme.	4 vol.
Tristan-le-Roux.	3 vol.
Le Docteur Servans.	2 vol.
Césarine.	1 vol.
Aventures de quatre femmes.	6 vol.

Ouvrages de Léon Gozlan.

Georges III.	3 vol.
Aventures du Prince de Galles.	5 vol.
La Marquise de Belverano.	2 vol.

Fontainebleau, imprimerie de E. Jacquin.

LES

MOHICANS

DE PARIS

PAR

ALEXANDRE DUMAS

14

PARIS
ALEXANDRE CADOT, ÉDITEUR
37, rue Serpente

1855

I

Le rendez-vous.

Salvator s'avança lentement, et, à mesure qu'il s'avançait, Pétrus se levait comme malgré lui.

— Eh bien! demanda Pétrus, est-ce fini?

— Oui, répondit Salvator.

Pétrus chancela.

Salvator s'avança rapidement comme pour le soutenir; Pétrus vit l'intention et s'efforça de sourire.

— Inutile, je savais que cela devait arriver, dit-il.

Et il passa encore une fois son mouchoir de batiste sur son front humide.

— J'ai quelque chose à vous dire, continua Salvator à voix basse.

— A moi? demanda Pétrus.

— À vous seul.

— Venez dans ma chambre, alors.

— Te gênons-nous, Pétrus? demanda Jean Robert.

— Allons donc. J'ai à causer avec M. Salvator; je passe dans ma chambre; restez ici, vous autres. Justin a sa musique à faire.

Et il entra le premier dans sa chambre, en faisant signe à Salvator de le suivre, et en lui laissant le soin de refermer la porte.

Puis là, comme s'il était arrivé à la fin de ses forces, Pétrus se laissa tomber sur un fauteuil en s'écriant :

— Oh! elle, elle, cet ange! la femme de ce misérable! il n'y a donc pas de Providence en ce monde!

Salvator regarda un instant le jeune homme, qui, la tête entre ses mains, retenant ses sanglots à peine, tressaillait convulsivement.

Il se tenait debout devant lui, et son œil exprimait une profonde pitié.

Cet homme devait connaître la mesure de toutes les souffrances pour les avoir épuisées.

Alors il tira lentement de sa poche une lettre finement pliée dans une enveloppe de papier satiné, et la présentant à Pétrus avec une certaine hésitation :

— Tenez, dit-il.

Pétrus écarta ses mains de son visage, secoua la tête, et ramena sur Salvator ses yeux un instant hagards.

— Qu'est-ce que cela? demanda-t-il.

— Vous le voyez, une lettre.

— Une lettre ; de qui?

— Je l'ignore.

— Mais enfin, où vous l'a-t-on remise?

— En face de l'hôtel de Lamothe-Houdon.

— Qui vous l'a remise ?

— Une femme de chambre qui cherchait un commissionnaire et qui m'a trouvé là.

— Cette lettre est pour moi ?

— Voyez : à M. Pétrus Herbel, rue de l'Ouest.

— Donnez !

Pétrus prit vivement la lettre des mains de Salvator, jeta un regard sur l'adresse, et devenant pâle comme un mort :

— Son écriture ! s'écria-t-il, — une lettre d'elle, à moi, — aujourd'hui ?

— Je m'en doutais, dit Salvator.

— Oh ! mon Dieu ! que peut-elle donc m'écrire ?

Salvator indiqua la lettre avec un geste qui voulait dire :

— Lisez.

Pétrus décacheta la lettre en tremblant, elle ne contenait que deux lignes ; ces deux lignes, il essaya à plusieurs reprises de les lire, mais un nuage de sang voilait ses yeux.

Enfin, avec un violent effort, en se rapprochant de la fenêtre pour concentrer sur le papier les derniers rayons du jour qui commençait à s'éteindre, il parvint à lire ces deux lignes.

Sans doute elles contenaient quelque chose de bien étrange, car à deux fois différentes il reprit :

— Mais non, mais non, impossible, cela n'y est pas, c'est une hallucination.

Enfin, saisissant Salvator par le bras :

— Écoutez, lui dit-il, tout à l'heure je vous donnerai cette lettre à lire, afin que vous me disiez si je suis fou ou si j'ai mon bon sens; mais, en attendant, dites-moi la vérité, quelque incident imprévu que vous ne connaissiez pas vous-même a fait manquer le mariage?

— Non, dit Salvator.

— Ils sont mariés.

— Oui.

— Vous les avez vus?

— Je les ai vus.

— A l'autel?

— A l'autel.

— Vous avez entendu le prêtre les bénir?

— J'ai entendu le prêtre les bénir. Ne m'aviez-vous pas dit d'aller là et de ne perdre aucun détail de la cérémonie, de les suivre jusqu'à l'hôtel de Lamothe-

Houdon et de ne revenir qu'à la nuit et de vous rendre compte de tout?

— C'est vrai, mon ami, et avec votre admirable bonté, vous avez consenti.

— Si je vous raconte un jour mon histoire, dit Salvator avec un doux et triste sourire, vous comprendrez que tout homme qui souffre peut disposer de moi comme d'un frère.

— Merci; alors, vous l'avez vue?

— Oui.

— Toujours bien belle, n'est-ce pas?

— Mais bien pâle; plus pâle encore que vous, peut-être.

— Pauvre Régina !

— Lorsqu'elle est descendue de voiture à la porte de l'église, ses genoux ont plié sous elle, et j'ai cru qu'elle allait tomber ; son père le crut aussi, car il s'est avancé pour la soutenir.

— Et M. Rappt?

— Il s'est avancé de son côté, mais elle s'est éloignée de lui en se jetant pour ainsi dire au bras du maréchal. M. Rappt a donné le bras à la princesse.

— Alors, vous avez vu sa mère?

— Oui, une étrange créature, allez ;

belle encore, et qui a dû être magnifique ; une pâleur singulière, comme si du lait, au lieu de sang, coulait dans ses veines, pliant sous elle-même, inhabile à marcher comme les femmes chinoises dont on a brisé les pieds, inquiète et clignottant des yeux à la vue du soleil comme un oiseau de nuit.

— Mais elle, Régina.

— Eh bien! cette marque de faiblesse est la seule que je lui aie vu donner. Par un effort suprême de sa volonté, elle est redevenue à l'instant même cette jeune fille maîtresse d'elle-même que vous connaissez ; elle s'est avancée d'un pas assez ferme jusqu'au chœur, où deux fauteuils et deux coussins de velours rouge aux armes de Lamothe-Houdon attendaient les deux futurs époux. Tout le faubourg Saint-Germain était là. Et au milieu de tout cela, ses trois amies de Saint-Denis priant pour celle qui avait tant besoin de prières.

Pétrus prit ses cheveux à pleines mains.

— Oh! la pauvre créature! dit-il, sera-t-elle malheureuse!

Puis, faisant un effort :

— Après? demanda-t-il.

— Après, la messe a commencé : c'était une messe-solennelle. Le prêtre a fait un long discours, pendant lequel deux ou trois fois Régina a regardé autour d'elle : on eût dit qu'elle avait à la fois la crainte et l'espérance que vous fussiez là.

— Qu'aurais-je été y faire? demanda Pétrus avec un soupir. Un instant — comme les hommes qui ont fumé de l'opium ou mangé du hatchis — j'ai fait un rêve, un rêve délicieux; je suis réveillé et vous voyez la réalité, mon ami.

Pétrus se leva, fit quelques tours dans sa chambre, et revenant s'arrêter en face de Salvator :

— Mais cette lettre? dit-il, par grâce, mon cher Salvator, revenons à cette lettre.

— Pendant le discours du prêtre, j'ai regagné le boulevart des Invalides, et j'ai attendu le retour des époux; à deux heures ils sont rentrés. Là encore, en descendant de voiture, Régina a regardé autour d'elle. — C'était vous qu'elle cherchait encore des yeux, j'en suis sûr. — C'est moi que ses yeux ont rencontré. M'a-t-elle reconnu? C'est probable, mais il m'a semblé qu'elle me faisait un signe. — Peut-être me trompai-je...

— Vous croyez que c'était moi qu'elle s'attendait à voir?

— C'était vous. — Alors j'ai attendu... j'ai attendu pendant une heure, pendant deux heures. Quatre heures ont sonné aux

Invalides. Alors la petite porte placée à côté de la grille s'est ouverte, une femme de chambre est sortie et a regardé autour d'elle. J'étais caché derrière un arbre. J'ai deviné que c'était moi qu'elle cherchait, et je me suis montré. Je ne me trompais pas ; elle a tiré une lettre de sa poche, — et vivement : — « Cette lettre à son adresse, » a-t-elle dit.

Et elle est rentrée.

J'ai lu votre nom, et suis accouru.

— Eh bien, dit Pétrus, maintenant, voulez-vous voir ce que contient cette lettre?

— Si vous me jugez digne de partager

votre secret, et si vous me croyez capable de vous rendre un service, oui.

— Eh bien! dit Pétrus en présentant la lettre à Salvator, lisez, mon ami, et dites-moi si j'ai mal vu ou si je suis fou.

Salvator s'approcha à son tour de la fenêtre, car le jour baissait de plus en plus, et lut à demi-voix :

« Promenez-vous ce soir de dix à onze
» heures devant l'hôtel, quelqu'un ira
» vous prendre et vous introduira chez
» moi.

» Je vous attendrai.

» RÉGINA. »

— Il y a donc bien cela, répéta Pétrus, qui avait écouté avec plus d'attention que le condamné qui écoute la lecture de sa grâce.

— Il y a mot à mot ce que je viens de vous lire, Pétrus.

— Eh bien! que pensez-vous de ce rendez-vous?

— Je pense qu'il s'est passé quelque chose de terrible dans cette maison, que Régina a besoin d'un défenseur, et que, vous tenant pour un brave cœur et pour un honnête homme, elle a jeté les yeux sur vous.

— C'est bien, dit Pétrus, ce soir, à dix heures, je serai devant l'hôtel.

— Avez-vous besoin de moi?

— Merci, Salvator.

— Eh bien! allez, mais faites-moi une promesse.

— Laquelle?

— C'est de ne prendre aucune arme.

Pétrus réfléchit un instant.

— Vous avez raison, dit-il, j'irai complétement désarmé.

— Bien, du calme, de la prudence, du sangfroid.

— J'en aurai, mais faites-moi un plaisir?

— Lequel?

— Emmenez Jean Robert et Justin, mettez en voiture Babolin et la petite Rose-de-Noël, j'ai besoin d'être seul.

— Soyez tranquille, je me charge de tout.

— Vous reverrai-je demain matin?

— Le désirez-vous?

— Oui, ardemment, bien entendu, cependant, que je ne vous dirai du secret que la partie dont je pourrai disposer.

— Mon ami, un secret vaut toujours mieux dans un seul cœur que dans deux, gardez donc le vôtre si vous pouvez ; un proverbe arabe dit :

« La parole est d'argent, mais le silence est d'or. »

Et, serrant la main de Pétrus, Salvator rentra dans l'atelier juste au moment où Rolland, qui s'ennuyait probablement de l'absence de son maître et qui le sentant se rapprocher de lui, poussait une espèce de tendre gémissement, et grattait à la porte de l'atelier avec la même délicatesse qu'un courtisan du dix-septième siècle eût gratté à la porte de Louis XIV.

II

Où Jean Robert donne sa langue au chien.

Au moment où Salvator rentrait dans l'atelier, Justin venait de trouver la dernière note du chant de Mignon : on avait allumé les candélabres de l'orgue, et, prêt à chanter, le compositeur appuyait ses doigts sur le clavier et son pied sur la pédale.

Mais aux premiers accords que le musicien tira de l'instrument, aux premières notes que sa voix fit entendre, Roland, soit qu'il aimât, soit qu'il détestât la musique, commença un accompagnement de cris plaintifs et de grattements acharnés qui rendaient impossible d'entendre une seule mesure.

— Mais, dit Jean Robert, n'est-ce donc pas Roland qui est à la porte ?

— Si fait, dit Salvator.

— Faites-le entrer.

— Ah oui, faites-le entrer, je veux le voir, dit Rose-de-Noël. Babolin, va ouvrir à Roland.

Babolin, enchanté de faire la connaissance du chien de Salvator, courut à la porte et ouvrit en disant :

— Viens, Roland !

Roland n'avait pas besoin de cette invitation ; en deux bonds il fut près de Salvator. Mais, tout à coup, au lieu de caresser son maître, comme il semblait s'y apprêter, il s'arrêta et tourna ses regards vers Rose-de-Noël.

— Eh bien ! Roland, demanda Salvator,

qu'y a-t-il donc, et toi, qu'as-tu, Rose-de-Noël?

Cette demande était faite, comme on le voit, de compte à demi au chien et à l'enfant.

En effet, le regard du chien était devenu extraordinaire, flamboyant, magique en quelque sorte, et celle sur laquelle le regard de Roland s'arrêtait, fixait à son tour sur le chien deux yeux étonnés, étranges, hagards pour ainsi dire, et dont le rayon se croisait avec celui qui jaillissait des yeux de l'animal.

Deux ennemis prêts à s'élancer l'un sur l'autre ne se regardent pas d'un œil plus fixe et plus enflammé, et cependant ce n'était point la colère, mais l'étonnement qui brillait dans les yeux du chien; ce n'était point la haine, mais une sorte de crainte joyeuse qui brillait dans les yeux de la petite fille.

Les yeux de la petite fille semblaient dire :

— Oh ! mon bon chien, est-ce bien toi?

Les yeux du chien disaient :

— Est-ce bien toi, petite fille ?

Puis, tout à coup, comme si la reconnaissance était suffisamment faite, et comme si Roland ne doutait plus, au moment où Rose-de-Noël tendait les bras vers lui, il bondit vers Rose-de-Noël.

Le chien et l'enfant se rencontrèrent et roulèrent à terre, l'enfant ayant les bras passés autour du cou du chien.

Quoique Salvator connût bien le doux caractère de Roland, il crut à une folie comme les chiens en ont parfois, et poussa un cri en même temps que, frappant du pied, il disait d'une voix impérative :

— Ici, Roland !

On sait si Roland comprenait et aimait son maître ; on sait s'il lui obéissait aveuglément à lui, qui était non-seulement son maître, mais son sauveur.

— Eh bien, Roland n'entendit rien, ne comprit rien ; il ouvrit sa gueule énorme comme pour dévorer l'enfant.

Pétrus et Jean Robert crurent le chien enragé, chacun d'eux sauta sur une arme et se précipita vers le chien.

Mais Rose-de-Noël devina leur intention.

— Oh ! s'écria-t-elle, ne faites pas de mal à *Brésil*. Personne ne pouvait comprendre ce cri, mais chacun pouvait voir que la petite fille ne courait aucun danger.

D'ailleurs, le chien venait de se coucher près d'elle, et se roulait sur ses pieds ave des cris de joie qui firent sortir Pétrus de sa chambre.

— Qu'y a-t-il donc? demanda-t-il.

— Quelque chose d'étrange, dit Salvator, mais sans aucun danger.

— Mais voyez donc votre chien, Salvator.

— Oui, je le vois.

Il fit signe à Pétrus de se taire et à Jean Robert et à Justin de s'éloigner.

Babolin battit en retraite de son côté.

L'enfant et le chien restèrent seuls au milieu de l'atelier.

C'était à qui des deux pousserait les plus joyeux cris.

— Oh! mon beau, mon bon, mon cher Brésil, disait la petite fille, c'est donc toi, te voilà donc, tu m'as donc reconnue... moi aussi je te reconnaissais!

Et le chien, de son côté, répondait par des cris, des hurlements, des culbutes qui indiquaient que sa joie n'était pas moindre que celle de l'enfant.

Il y avait à la fois quelque chose de touchant et de terrible dans cette scène.

Tout à coup Salvator, qui avait inutilement appelé le chien du nom de Roland, eut l'idée de l'appeler Brésil, comme avait fait la petite fille.

Brésil se retourna.

— Brésil! répéta Salvator.

Brésil, d'un bond, fut près de son maître, se dressant sur ses pattes de derrière, lui appuyant les pattes de devant sur les épaules, et secouant sa tête avec une expression de bonheur qu'on n'eût jamais cru que pouvait rendre la physionomie d'un chien.

Puis, prenant Salvator à belles dents par

sa veste de velours, il le tira du côté de Rose-de-Noël.

— Brésil! Brésil! répétait l'enfant en frappant ses mains l'une dans l'autre.

— Mais tu te trompes, Rose-de-Noël, dit Salvator avec intention. *Mon* chien ne s'appelle pas *Brésil*, mais Roland.

— C'est-à-dire qu'il ne s'appelle pas *Roland*, mais *Brésil*. Voyez plutôt : viens ici, Brésil.

Et de nouveau le chien quitta son maître et bondit vers l'enfant.

Il n'y avait pas à demeurer dans le doute. Rose-de-Noël et Brésil s'étaient vus, Rose-de-Noël et Brésil s'étaient connus.

Mais quand?

Sans doute, dans cette époque que Rose-de-Noël ne se rappelait jamais sans épouvante et dont les événements avaient produit sur elle une si profonde impression, que ces événements, même à Salvator, son meilleur ami, elle n'avait jamais voulu les raconter.

La curiosité de tous ceux qui assistaient à cette scène et même celle de Pétrus, si préoccupé qu'il fût de sa propre situation, était vivement excitée.

Jean Robert voulait adresser quelques questions à Rose-de-Noël, mais Salvator lui saisit la main et lui fit signe de se taire.

Il se rappelait cette exclamation échappée à Rose-de-Noël dans son délire :

— Oh ! ne me tuez pas, madame Gérard.

Il se rappelait que la Brocante lui avait dit avoir trouvé un soir Rose-de-Noël fuyant à travers champs à la hauteur du village de Juvisy. Elle était vêtue d'une robe blanche couverte du sang qui coulait d'une blessure qu'un instrument tranchant lui avait faite au col.

Il se rappelait enfin, en rapprochant les époques, que le même jour ou le lendemain, il avait, en chassant dans la plaine de Viry, trouvé sur le bord d'un fossé un chien percé d'une balle, qu'il avait pansé ce chien, l'avait guéri, et, ne sachant quel nom lui donner après sa guérison, l'avait baptisé du nom de Roland.

Or, voilà que Roland s'appelait Brésil de son vrai nom, et que Brésil connaissait Rose-de-Noël.

Restait à savoir s'il y avait quelque rapport entre Brésil et cette madame Gérard, qui, si l'on en croyait les cris de délire de l'enfant, avait voulu tuer Rose-de-Noël.

Toutes ces réflexions passèrent rapides comme la pensée dans l'esprit de Salvator.

— Eh bien, soit, dit-il à Rose-de-Noël, Roland ne s'appelle pas Roland, il s'appelle Brésil.

— Mais certainement qu'il s'appelle Brésil.

— Je le crois. Seulement peux-tu me dire où tu as connu Brésil?

— Où j'ai connu Brésil? demanda Rose-de-Noël en pâlissant.

— Oui, peux-tu me le dire?

— Non, non, fit l'enfant pâlissant de plus en plus, non, je ne le peux pas.

— Eh bien, dit Salvator, je le sais, moi!

— Vous le savez, fit Rose-de-Noël en ouvrant ses yeux d'une grandeur double de leur grandeur ordinaire.

— Oui, c'est chez...

— Ne le dites pas, mon bon ami Salvator, ne le dites pas, s'écria l'enfant.

— C'est chez madame Gérard.

Rose-de-Noël jeta un cri, chancela, et se laissa aller presque évanouie dans les bras de Salvator.

Brésil jeta un hurlement lugubre...

Si lugubre, que ceux qui étaient là sentirent un frisson passer dans leurs veines.

Quand à Rose-de-Noël, son front s'était couvert de sueur, et ses lèvres étaient devenues violettes.

Salvator s'effraya lui-même de l'effet qu'il avait produit.

— Allons, dit-il, il faut mettre cette petite dans un fiacre avec Babolin, et la reconduire chez elle. Qui s'en charge?

— Moi! dirent à la fois Jean Robert et Justin; mais pourquoi pas vous?

— Moi, j'ai autre chose à faire.

— Puis-je aller avec vous? demanda Jean Robert à Salvator.

— Où celà?

— Où vous allez?

— Non!

— Je crois cependant qu'il y a quelque chose comme un roman dans ce qui vient de se passer là ?

— Quelque chose de mieux qu'un roman, mon poète. Il y a une histoire, et qui m'a l'air même d'une terrible histoire.

— La saurons-nous, cette histoire ?

— C'est probable, puisque vous y jouez un rôle.

— Mon cher Salvator, dit Justin, n'oubliez point que le cœur d'un de vos amis souffre, et si, au milieu de tout cela, vous apprenez quelque nouvelle de ma pauvre chère Mina...

— Soyez tranquille, Justin, vous êtes, vous et Mina, dans ce coin de ma pensée où je mets mes plus chers amis.

Et donnant la main à Pétrus en même temps qu'il échangeait avec lui un signe d'intelligence, il prit Rose-de-Noël dans ses bras, car, quoique revenue à moitié à elle, l'enfant était incapable de marcher, descendit avec elle les trois étages, la mit dans un fiacre qu'alla chercher Jean Robert, et, sous la garde de Babolin et des deux jeunes gens, la renvoya chez elle.

— Comprenez-vous quelque chose à ce qui vient de se passer, Justin? demanda Jean Robert.

— Non, et vous?

— Absolument rien. Aussi, comme il est dit dans les jeux innocents : Je donne ma langue au chien, bonne affaire pour Brésil.

Brésil avait voulu d'abord monter dans la voiture avec la petite Rose-de-Noël, puis il avait voulu la suivre. Mais, chaque fois, Salvator l'avait retenu, et, chose singulière, plutôt avec le raisonnement, comme s'il eût retenu un homme, qu'avec un ordre, un commandement, un juron, comme on retient un chien.

Puis, la voiture qui emportait Rose-de-Noël disparue, il avait redescendu l'allée de l'Observatoire en murmurant :

— Allons, viens, Brésil, viens avec moi. Il

faut bien que tu m'aides à retrouver l'assassin de cet enfant.

Et, comme si Brésil avait compris, il n'avait plus fait mine de suivre la voiture de sa petite amie, se contentant de tourner deux ou trois fois la tête du côté où elle avait disparu, et de lui adresser à chaque fois un hurlement plus tendre que douloureux !

III

L'homme qui connaît son chien et l'homme qui connaît son cheval.

Au bout de dix minutes, Salvator était rue Macon et il ouvrait la porte de cette petite salle à manger, dont les fresques pompéiennes avaient tant émerveillé Jean Robert la première fois qu'il les avait vues.

Au bruit qu'il fit en entrant, à sa manière d'ouvrir la porte de la salle à manger, sans doute Fragola reconnut son bien-aimé Salvator, car, en même temps que la porte de la salle à manger, la porte de la chambre à coucher s'ouvrit et les deux beaux jeunes gens se trouvèrent dans les bras l'un de l'autre.

Il était six heures, le dîner attendait.

— Nous allons dîner vite, dit Salvator, j'ai un petit voyage à faire.

Fragola laissa glisser le long du corps du jeune homme les deux bras dont elle avait enveloppé son cou.

— Un voyage? dit-elle avec tristesse, mais avec résignation.

— Oh! sois tranquille, ma bien chérie, il ne sera pas long. Demain au jour je serai ici.

— Maintenant reste à savoir s'il n'est pas dangereux? demanda Fragola.

— Je crois pouvoir te répondre que non.

— Bien sûr?

— Bien sûr.

— Eh bien, alors, me donnes-tu congé?

— Sans doute !

— Carmélite est justement revenue à Paris aujourd'hui. Nous lui avons loué, avec Lydie et Régina, un petit appartement, afin qu'elle n'ait à s'occuper de rien. Nous y avons fait transporter tous les meubles du pavillon de Colomban. Madame de Marande donne un grand bal ce soir. Régina se marie, ou plutôt s'est mariée ce matin. Ce sera une triste soirée pour Carmélite, si elle la passe seule, et avec ta permission...

Salvator coupa la parole sur les lèvres de Fragola.

— J'irai lui tenir compagnie, ajouta-t-elle en souriant.

— Va, mon enfant, va!

Malgré cette permission, les bras de Fragola, qui s'étaient renoués autour du cou de Salvator, resserraient leur chaîne au lieu de s'élargir.

— Tu as encore quelque chose à me demander? dit le jeune homme en souriant.

— Oui, répondit Fragola, en faisant de haut en bas un signe de sa charmante tête.

— Eh bien! dis.

— Carmélite est toujours horriblement triste, et il me semble que si je lui racontais une histoire presque aussi triste que la sienne, plus triste même dans les commencements, et qui a néanmoins fini par une grande joie, cela la consolerait.

— Et quelle histoire voudrais-tu donc lui raconter, à ta pauvre amie, ma bonne Fragola?

— La mienne.

— Raconte, mon enfant, dit Salvator; et pendant que tu parleras, les anges écouteront.

— Merci!

— Et où loge Carmélite?

— Rue de Tournon.

— Que va-t-elle faire, pauvre créature

— Tu sais, elle a une voix magnifique.

— Eh bien ?

— Eh bien, elle dit qu'une seule chose peut, sinon la consoler, du moins lui faire supporter la vie.

— Oui, elle veut chanter, elle a raison. C'est des cœurs brisés que sortent les chants sublimes. Dis-lui que je me charge de son maître de chant, Fragola. Je sais l'homme qu'il lui faut, et je l'ai sous la main.

— Oh! toi, tu es comme ce Fortunatus dont tu me racontais un jour l'histoire, et qui avait une bourse dont il tirait les uns après les autres tous les objets qu'il désirait.

— Alors, désire quelque chose, Fragola.

— Oh! tu sais bien que je ne veux que ton amour.

— Et comme tu l'as tout entier...

— Je désire une seule chose, le conserver.

Et la jeune fille, se souvenant que Salvator lui avait recommandé de se hâter, l'embrassa une dernière fois, et entra dans la cuisine, tandis que lui entrait dans la chambre à coucher.

Dix minutes après, tous deux rentraient dans la salle à manger; Fragola ayant mis la table en état de recevoir des convives, Salvator ayant revêtu un costume complet de chasseur, veste, gilet, pantalon à grandes guêtres et casquette de velours.

Fragola regarda Salvator avec étonnement.

— Tu vas à la chasse? demanda-t-elle.

— Oui.

— Je croyais la chasse fermée.

— Elle l'est en effet, mais je vais à une chasse ouverte en tout temps, à la chasse de la vérité.

— Salvator, dit Fragola en pâlissant légèrement, si je ne regardais pas comme un crime de la Providence qu'il t'arrivât un malheur, je n'aurais pas un instant de tranquillité en voyant la singulière vie que tu mènes.

— Tu as raison, dit Salvator avec cette solennité que l'on remarquait parfois en lui, je suis sous la protection du Seigneur, tu n'as donc rien à craindre.

Et il tendit la main à Fragola.

De cette main Fragola essuya une larme.

— Eh bien ? demanda Salvator.

— Oui, oui, je suis folle, mon bien-aimé. D'ailleurs, il y a une chose qui me rassure, c'est que tu sors en chasseur et par conséquent avec ton fusil...

— Et avec Roland.

— Oh ! alors, je suis tout à fait tranquille, et la preuve, tiens.

Et l'enfant sourit de ce charmant sourire aux lèvres roses et aux blanches dents, qui n'appartient qu'à l'adolescence.

Tous deux se mirent à table en face l'un de l'autre. A défaut de leurs mains, leurs pieds se touchaient ; à défaut de paroles, ils échangeaient des sourires.

Pendant ce dîner, Salvator eut un soin tout particulier de Roland. Seulement il lui échappa de l'appeler Brésil, ce qui fit bondir le chien de joie.

— Brésil ? répéta Fragola avec un accent interrogateur.

— Oui ; j'ai eu des nouvelles de la jeunesse de notre ami, dit en riant Salvator. Avant de s'appeler Roland, il s'est appelé Brésil. Ne prétends-tu pas quelquefois qu'avant de m'appeler Salvator, j'ai porté un autre nom, et qu'avant d'être commissionnaire j'ai été autre chose ? Il en est de

Roland comme de moi, chère Fragola. Tel maître, tel chien.

— Tu es mystérieux comme un roman de M. d'Arlincourt.

— Et toi, tu es belle et charmante comme une héroïne de Walter-Scott.

— Saurai-je l'histoire de Roland?

— Dame! s'il me la raconte.

— Comment, s'il te la raconte?

— Oui, tu sais que je cause quelquefois avec Roland.

— Et moi aussi, il m'entend et me répond.

— Belle malice ! toi, n'est-ce pas moi

— Et il t'a déjà dit quelque chose de son histoire? demanda Fragola, qui mourait de curiosité.

— Il m'a dit qu'il s'appelait Brésil. N'est-ce pas, Roland, que tu m'as dit que tu t'appelais Brésil?

Roland fit un ou deux tours sur lui-même, comme s'il courait après sa queue, et aboya joyeusement.

— Devines-tu où nous allons, Brésil? demanda Salvator.

Le chien grommela.

— Oui; tu le devines.

— Trouverons-nous ce que nous cherchons, Brésil?

Brésil grommela de nouveau.

— Alors, tu es prêt à me conduire...

Pour toute réponse, le chien se dirigea vers la porte, se dressa sur ses pattes de derrière et se mit à gratter le panneau.

Il eût répondu à Salvator *suis-moi*, que ces deux mots n'eussent pas été plus expressifs.

— Tu vois, dit Salvator, Brésil n'attend

plus que moi. A demain matin, ma belle chérie. Remplis ta mission de consolatrice. Peut-être vais-je faire mon devoir de vengeur.

Ce dernier mot fit pâlir pour la seconde fois Fragola, mais Salvator ne reconnut sa crainte qu'à un embrassement plus tendre et à un serrement de main plus expressif.

Au moment où Salvator mettait le pied dans la rue, sept heures sonnaient à Notre-Dame.

Salvator se dirigea vers le pont Saint-Michel, Brésil marchant fièrement à vingt pas devant lui.

A cette époque, si rapprochée qu'elle soit de nous, il n'y avait encore que trois façons de faire un voyage de cinq lieues : à pied, à cheval ou en voiture.

On n'apercevait que dans le lointain de la civilisation la fumée des chemins de fer.

Aller à pied à Juvisy, c'eût été certainement pour un employé un exercice salutaire, mais pour un homme comme Salvator, c'est-à-dire ayant l'habitude de la marche, cet exercice n'offrait absolument rien de récréatif.

Restait le cheval ou la voiture.

Un chasseur, avec ses guêtres, son carnier et son fusil, a toujours une étrange tournure à cheval, et surtout sur un cheval de louage. Salvator n'eut donc pas un instant l'idée d'aller à cheval.

Restait la voiture.

Sur la place du Palais-de-Justice, vis-à-vis le poteau où l'on exposait les condamnés à la marque, stationnait une espèce de caisse, ou coucou, ou voiture à volonté, nommée de ce dernier nom sans doute, parce qu'elle n'allait qu'à l'endroit où la volonté de son conducteur était de la faire aller.

La destination habituelle de celle-là était la Cour de France, et, plus d'une fois, le passant, en voyant affichés sur les vitres d'une des boutiques devant laquelle stationnait le susdit coucou, ces trois mots : *Fromage de Viry*, le passant, quel qu'il fût, avait été tenté de prendre une voiture qui conduisait à un pays qui fait de si bons fromages.

En effet, les fromages de Viry, crème double, ont joui et jouissent encore, auprès des véritables amateurs, d'une réputation incontestable et incontestée, comme il appert des cartes des trois ou quatre restaurateurs célèbres de Paris.

Salvator connaissait donc bien la voiture qui menait au pays fortuné. De son côté, le conducteur connaissait parfaitement Salvator. Il en résulta que le prix fut bien vite fait, et que, moyennant la somme de cinq francs, Salvator eut le droit de disposer, pour lui et son chien, de la voiture pendant toute la nuit.

Cet arrangement terminé, Salvator fit signe à Roland, qui, sans faire de cérémonies, s'élança d'un seul bond dans la voiture, et, en chien bien élevé, s'allongea immédiatement sous la banquette.

Salvator monta derrière lui, s'accouda dans un des angles, étendit ses jambes sur la première traverse, accommoda son fusil du mieux qu'il put pour épargner les secousses à deux excellents canons de Reynette, et, ces précautions prises, donna congé au conducteur en disant :

— Quand vous voudrez.

Mais ce n'était point le tout que le conducteur voulût : il fallait à la volonté du conducteur ajouter celle du cheval.

Or, jamais cheval ne parut moins disposé à obéir aux injonctions de son conducteur, que ne l'était l'animal efflanqué qui venait de recevoir de la Providence la mission de conduire Salvator à la recherche du crime mystérieux dont la reconnaissance de Rose-de-Noël avec Brésil lui avait donné le soupçon.

Enfin, après dix minutes de lutte, l'animal vaincu se décida à se mettre en route.

— Ah! dit le conducteur avec l'assurance d'un homme qui connaissait son cheval à fond, en voilà un qui, s'il a jamais douze mille livres de rente, n'achètera pas un coucou.

IV

A travers champs.

Nous aurions grand plaisir à raconter la conversation de Salvator, du conducteur et du chien. Le récit de cette conversation montrerait une fois de plus au lecteur la réputation universelle de Salvator. Mais nous aurons tant d'occasions de faire ressortir les qualités éminentes de notre héros que nous négligerons les détails.

On arriva à Juvisy.

Il était dix heures du soir à peu près.

Salvator sauta en bas de la voiture, Roland sauta après lui.

— Passez-vous la nuit ici, monsieur Salvator? demanda le conducteur.

— Probablement, mon ami.

— Faut-il que je vous attende?

— Jusqu'à quelle heure comptes-tu rester toi-même ?

— Mais cela dépendra. Si j'avais l'espoir de vous ramener, j'attendrais bien jusqu'à quatre heures du matin.

— Eh bien, alors, si tu te contentes de la même somme pour me reconduire que pour m'amener...

— Oh ! vous savez bien, monsieur Salvator, que je vous reconduirais pour le seul plaisir de vous rendre service.

— Eh bien, alors, c'est dit, attends jusqu'à quatre heures, et, que je sois ou non revenu à quatre heures, voici dix francs, cinq francs pour l'aller, cinq francs pour le retour.

— Mais si cependant je ne vous ramène pas?

— Eh bien, les cinq francs seront pour m'avoir attendu.

— Va, comme il vous fait plaisir! et l'on boira à votre santé par-dessus le marché, monsieur Salvator.

Salvator fit un signe de tête en manière de remercîment et disparut par une petite ruelle qui donnait sur la plaine, en appelant Roland.

Roland ou Brésil, comme on voudra l'appeler, car nous lui donnerons indifféremment ces deux noms, était une bête d'une admirable intelligence. Depuis le moment du départ, il semblait avoir compris où l'on allait et même dans quel but on y allait.

Aussi Salvator se laissait-il en quelque sorte conduire par lui.

Au bout de cinq minutes, il était aux Fontaines de la Cour de France.

Il traversa la route et s'engagea dans la plaine.

Salvator continuait de le suivre.

Roland coupa à travers champs et conduisit Salvator au fossé où, sept ans auparavant, Salvator l'avait trouvé blessé, sanglant, et le corps traversé d'une balle.

Arrivé là, le chien se coucha et poussa un sourd gémissement, comme pour dire : Je me souviens de ma blessure, puis, se levant, il vint lécher la main de Salvator, comme pour dire : Je me souviens de mon sauveur.

Maintenant, veut-on connaître exactement la localité où nous conduisons notre drame, veut-on voir d'avance le terrain que nous allons parcourir ?

Rien de plus facile.

Le village de Juvisy, ou la Cour de

France, qui en est distante d'une centaine de pas seulement, forme juste le sommet de l'angle des deux lignes du chemin de fer de Corbeil et d'Orléans.

C'est-à-dire qu'en allant de Paris à Essonne, et en s'arrêtant à Juvisy, on a à sa gauche la ligne du chemin de fer qui conduit à Corbeil, et à sa droite la ligne du chemin de fer qui conduit à Étampes et à Orléans.

Là, le pays est peu pittoresque.

Mais avancez de cent pas à gauche, c'est-à-dire du côté de la Seine, vers ce petit bourg de Chatillon, qui, de loin, fait l'effet d'une seule cabane de pêcheur, assise sur la berge de la rivière ; alors, vous découvrirez d'immenses horizons de monticules et de forêts, alors, s'il vous prend la fantaisie de détacher un bateau du rivage et de côtoyer la Seine au clair de la lune, il vous arrivera à travers la forêt de Sénart, qui semble lever ses mille bras au ciel, des bruits tristes comme des plaintes, des murmures mélancoliques comme des prières.

La forêt de Sénart prépare aux grès de Fontainebleau, comme les grès de Fontainebleau préparent aux rochers de la Suisse.

La forêt de Sénart est le Fontainebleau de Paris, et Fontainebleau est la Suisse de la France.

Maintenant, si au lieu de prendre à gauche, vous prenez à droite, c'est-à-dire du côté d'Étampes et d'Orléans, le pays est tout différemment accidenté!

Alors vous rencontrez Savigny, célèbre par son magnifique château bâti du temps de Charles VII; Mortan, célèbre par son beurre; Viry, célèbre par ses fromages; — dix petits bourgs juchés au sommet de verdoyants monticules ou perdus au fond d'une petite vallée, au milieu de groupes d'arbres qui semblent se serrer les uns près des autres pour leur faire rempart.

Puis, dominant tout le paysage, la tour de Montlhéry, qui, de loin, comme une sentinelle attentive, veille jour et nuit, l'arme au bras, l'œil ouvert, au point le plus élevé de l'horizon ; une petite rivière, la rivière d'Orge, jetée à travers tous ces villages comme une écharpe moirée, bariolée, changeante, où, tout le jour, le battoir des jeunes filles des villages voisins retentit sur la rive, comme à minuit le battoir des lavandières des légendes.

Enfin mille accidents de terrain inattendus ; des saules qui trempent leurs cheveux blonds dans les ruisseaux, et qui font, quand le vent les balance, jaillir au soleil des gouttes étincelantes comme des diamants ; des maisons blanches, des sentiers verts, un air pur, une brise fraîche, qui semble l'haleine d'un pays vierge, tout donne à ce charmant coin de terre un parfum de douceur et de sérénité que l'on chercherait vainement ailleurs.

Un dernier mot, une dernière coïncidence.

Les deux petits villages de Viry et de Savigny ressemblent, à s'y tromper, à leurs deux homonymes, c'est-à-dire aux deux villages de Viry et de Savigny situés à deux lieues de Genève.

C'est entre ces deux premiers bourgs, c'est-à-dire à droite du sommet de l'angle que forme aujourd'hui la bifurcation du chemin de fer, absent à cette époque, que se trouvait le fossé que Roland venait de reconnaître d'une façon si intelligente pour lui avoir servi de lit de douleur.

— Ah ! fit Salvator, c'est donc là, mon bon chien.

— Oui, fit Brésil en poussant un gémissement.

— Mais nous ne sommes pas venu seulement pour reconnaître cette place, n'est-ce pas, mon pauvre Brésil ?

Le chien releva la tête, regarda son maître, ses yeux brillèrent dans la nuit comme deux escarboucles et il s'élança en avant.

— Oui, oui, murmura Salvator, tu as compris, mon brave compagnon. Ah ! combien d'hommes qui te méprisent comme une brute, sont cependant moins intelligents que toi. Viens, ou plutôt, allons... je te suis.

Brésil semblait s'éloigner du fossé avec joie. L'animal conservait-il, comme eût fait l'homme, le sentiment de la douleur passée au fond de sa mémoire?

Tant il y a qu'il suivit pendant quatre ou cinq cents pas la route de Juvisy, puis, arrivé à une petite butte, il s'arrêta et flaira la terre autour de lui.

Cette butte était côtoyée par un sentier qui conduisait à un pont.

Arrivé devant cette butte, Roland semblait hésiter.

— Cherche, Roland, cherche! dit Salvator.

Roland s'arrêta comme découragé.

— Allons, Brésil, reprit Salvator, allons, mon bon chien.

Ce nom de Brésil sembla lui rendre son courage.

— Cherche! continua Salvator, cherche!

— Un moment, maître, sembla répondre le chien, il faut que moi aussi, je me souvienne.

Salvator s'approcha de lui avec de douces

paroles, le caressant tout ensemble de la voix et de la main. Mais Brésil, comme un chien absorbé par une grande pensée et comprenant l'importance de la résolution qu'il allait prendre, semblait indifférent à cette voix et à ces caresses qui le rendaient si heureux d'ordinaire.

Tout à coup, il releva la tête comme illuminé, regarda Salvator et sembla lui dire :

— J'y suis, maître.

— Va, mon bon Brésil, va, dit Salvator.

Le chien s'élança de la butte et descendit rapidement le sentier en pente qui conduit au petit pont dont nous avons parlé.

C'est un petit pont de deux arches, et qui a nòm : *Le Pont-Godeau.*

Salvator le suivait avec la rapidité du chasseur qui sent son chien sur une voie.

Arrivé là, le chien entra dans une allée de pommiers en fleurs. L'obscurité empêchait qu'on ne vît ces beaux arbres tout empanachés de leur neige rosée, mais l'atmosphère était toute parfumée de leur odeur.

Salvator suivit Brésil dans ce nouveau chemin, véritable chemin normand verdoyant et frais.

Brésil marchait précipitamment sans

s'arrêter une seconde, sans regarder en arrière.

On eût dit qu'il se sentait suivi de près par son maître.

Il est vrai que, tout en le suivant, Salvator lui disait bas, mais avec cette voix stridente qui excite si bien la recherche des chiens :

— Cherche, Brésil, cherche !

Le chien allait toujours.

En ce moment, il se fit une éclaircie au ciel. La lune sortit d'un profond océan de nuages noirs, et l'on arriva devant la grille d'un parc.

Alors, chose étrange, au moment où la lune se montrait, la lune claire, large et haute, le chien se retourna, regarda le ciel et hurla lamentablement.

Il fallait avoir le calme courage de Salvator pour ne pas se sentir pris du frisson de la terreur au milieu de cette nuit silencieuse, à cette heure où la lune donne à chaque objet des aspects fantastiques et où l'on n'entendait d'autre bruit que les aboiements lointains des chiens qui veillent dans les fermes et le murmure des branches qui se froissent les unes les autres avec un cliquetis pareil à celui des squelettes qui se balancent à des gibets.

Salvator comprit la pensée du chien.

— Oui, dit-il, mon bon Brésil, oui, c'est par une nuit pareille, n'est-ce pas, que tu as quitté cette maison. Cherche, Brésil, cherche, c'est pour ta petite maîtresse que nous travaillons.

Le chien demeura immobile devant la grille.

— Eh bien, oui, je vois bien dit Salvator, c'est derrière cette grille qu'était la maison où tu fus élevé avec ta petite maîtresse, n'est-ce pas?

Le chien semblait comprendre. Il longeait la grille, tantôt allant de gauche à droite, tantôt allant de droite à gauche, agitant bruyamment sa longue queue et frôlant avec elle chaque barreau.

On eût dit un de ces beaux lions du Jardin-des-Plantes, sillonnant avec majesté le plancher de sa cage.

— Allons, Brésil, allons ! dit Salvator, nous ne pouvons passer la nuit ici. N'y a-t-il pas une autre entrée? cherche, mon bon chien, cherche !

Alors Brésil parut prendre un parti. On eût dit qu'il reconnaissait lui-même que de ce côté l'entrée était impossible. Il se mit donc à longer rapidement le mur pendant l'espace de cent cinquante pas, puis il s'arrêta et se dressa, appuyant son museau contre la pierre.

— Oh! oh! dit Salvator, il y a quelque chose ici à ce qu'il paraît.

Il s'approcha du mur, regarda avec attention et, malgré le frissonnement des branches d'un arbre dont l'ombre s'interposait entre lui et la clarté de la lune, il vit se dessiner au milieu de la teinte grise et uniforme du mur une plaque irrégulière de plâtre dessinant un cercle de quatre ou cinq pieds de tour à peu près.

— Bon ceci, ami Brésil, bon! dit Salvator, il y avait là une brèche que tu es étonné de ne plus trouver; elle a été fermée depuis, mon bon chien. Tu es sorti par cette brèche; tu comptais rentrer par le même chemin, mais le propriétaire y a mis bon ordre. C'est bien cela, n'est-ce pas?

Le chien regarda Salvator comme pour lui dire :

— C'est bien cela, en effet. Maintenant, comment allons-nous faire ?

— Oui, comment allons-nous faire ? répéta Salvator. Outre que je ne possède aucun des outils dont on se sert pour perforer un mur, on ne manquerait pas de m'accuser d'effraction, et j'en aurais pour mes cinq ans de travaux forcés, ce qui ne peut être ton intention, mon bon Brésil... Et cependant, mon brave ami, oui, je suis aussi curieux que toi de visiter ce parc, d'abord, parce qu'il me paraît beau ; ensuite, parce que je m'imagine, je ne sais pourquoi, qu'il renferme quelque secret important.

Le grognement de Roland ou plutôt de Brésil sembla corroborer ces paroles.

— Eh bien, Brésil, je ne demande pas mieux moi, dit Salvator, s'amusant en artiste et en observateur, de l'impatience de son chien, voyons ! trouve le moyen, toi, puisque tu te fâches. J'attends, mon bon Brésil, j'attends !

Brésil semblait ne pas perdre un mot de ce que disait son maître. Aussi, ne pouvant à lui tout seul appliquer le moyen, se contenta-t-il de l'indiquer.

Il plia sur ses jarets de derrière et s'élança avec tant de force, que l'extrémité de ses pattes arriva au chaperon du mur.

— Tu es la suprême sagesse, mon cher Brésil, dit Salvator, et tu as parfaitement raison. Il est inutile d'enfoncer un mur quand on peut passer par-dessus. Ce n'est plus de l'effraction, ce n'est que de l'escalade. Escaladons, mon bon chien, escaladons, et passe le premier, tu es chez toi ici, à ce qu'il me semble du moins, c'est à toi de me faire les honneurs. Allons, haup!

Et avec ces deux bras dont nous avons vu Salvator si vaillamment se servir à l'endroit de Barthélemy-le-Long, dit Jean-Taureau, dans l'un des premiers chapitres de cette histoire, avec ses deux bras aux muscles d'acier, il enleva le chien-géant à la hauteur du mur avec la même facilité qu'une marquise ou une duchesse élève un kings-charles jusqu'à ses lèvres.

Le chien, élevé ainsi, touchait avec ses deux pattes de devant l'arête du mur, mais il lui fallait un point d'appui pour s'élancer.

Salvator baissa la tête en arc-boutant, l'appuya contre la muraille, posa chacune des pattes de derrière du chien sur chacune de ses épaules, et, posant Brésil bien en équilibre sur cette base qui semblait un soc de granit.

— Allons saute, Brésil, dit-il.

Et Brésil sauta.

— Maintenant, dit-il, à mon tour !

Et assurant solidement son fusil sur son épaule, il atteignit en sautant le chaperon du mur, y resta suspendu par les mains, puis, à la force des poignets et avec l'aide des genoux, il arriva, avec une facilité qui indiquait son habitude de la gymnastique, à se mettre à califourchon sur la muraille.

Il en était là, lorsqu'il entendit le trot d'un cheval et qu'il vit s'approcher rapidement un cavalier enveloppé d'un manteau.

Le cavalier suivait lui-même le chemin qui longeait le mur.

Salvator se hâta de rejeter tout son corps dans le parc, soutenu par l'admirable vigueur de ses bras ; sa tête seule dépassa le mur. Un arbre projetait son ombre sur lui, et, à moins d'une attention toute particulière, empêchait le cavalier de le voir.

Au moment où le cavalier passa à quatre pas de Salvator, la lune brillait de tout son éclat, de sorte que Salvator put distinguer les traits d'un jeune homme de vingt-neuf à trente ans.

Ces traits le frappèrent sans doute d'un grand étonnement, car, d'un mouvement calculé des mains et des genoux, il se rejeta en arrière, et, lâchant le haut du mur, il tomba à côté de Brésil, en disant :

— Lorédan de Valgeneuse !

Puis, après un moment de silence et d'immobilité auquel l'impatient Brésil semblait ne rien comprendre :

— Que diable, ajouta-t-il, mon cher cousin vient-il faire ici !

V

Le parc où le rossignol chantait.

Salvator écouta jusqu'à ce que le bruit du trot du cheval se fût éteint, et alors il regarda autour de lui.

Il était dans un immense parc et dans la partie la plus boisée de ce parc.

Brésil semblait n'attendre qu'un ordre pour se remettre en chemin. Il était assis ; mais le frissonnement de son corps trahissait son impatience, et ses yeux brillaient dans l'obscurité comme deux feux-follets.

La lune glissait dans un ciel nuageux, et tantôt éclairait vivement la terre, tantôt en disparaissant derrière une vague de vapeur sombre, replongeait la terre dans l'obscurité.

Salvator, ne sachant pas où le chien allait le conduire, attendit un de ces moments de ténèbres qui lui permettait de se risquer dans les éclaircies.

Ce moment ne tarda point à arriver.

Ce serait mentir, peut-être, que de dire que le cœur ne battait point au jeune homme. Mais comme la conscience du motif qui l'amenait le faisait calme, il eût été impossible de voir sur son visage le reflet des pensées qui l'agitaient.

Seulement, il détacha son fusil de son épaule, passa la baguette dans chacun des canons pour s'assurer que les bourres adhéraient aux balles, souleva les batteries pour inspecter l'amorce, mit le fusil dans son bras au lieu de le garder en bandouillère, et, profitant d'un moment où le ciel et la terre étaient redevenus sombres :

— Allons, mon bon chien, allons, dit-il, en route.

Le chien s'élança en avant, et Salvator suivit le chien.

Mais ce n'était pas chose facile, les broussailles et les jeunes plants avaient poussé de tout côté et faisaient des fourrés où le gibier devait demeurer avec délices, mais où l'homme manœuvrait difficilement.

A tout instant, un bruit rapide et brusque s'élevait dans les broussailles, à la droite, à la gauche de Salvator, devant et derrière lui. C'était quelque lièvre ou quelque lapin qui détalait, tout étonné d'être troublé dans son gîte.

On arriva à une allée où l'herbe avait poussé à un pied et demi de hauteur.

Cette allée conduisait à une espèce de prairie. Au fond de cette prairie, on voyait une surface noire qui tout à coup étincela comme un miroir d'argent.

La lune sortait des nuages et éclairait l'eau calme et profonde d'un étang.

Autour de cet étang, et de place en place, comme des fantômes immobiles, se détachaient des statues mythologiques.

Brésil semblait avoir hâte d'arriver à cet étang. Mais Salvator, ne sachant pas si la maison à laquelle devait attenir ce parc était habitée ou non, longea le bois de manière à rentrer rapidement dans le fourré, au premier sujet de crainte, et retint l'ardeur de son chien qui, obéissant à sa parole, marchait à dix pas devant lui, sans s'écarter davantage que s'il eût été maintenu par un collier de force.

Il y avait quelque chose de profondément funèbre dans l'aspect de tous les objets qui frappaient les yeux de Salvator.

— Je serais bien surpris, murmura-t-il, s'il ne s'était pas commis dans cet endroit quelque crime épouvantable. L'ombre y est plus noire qu'autre part, la lumière y est plus blafarde qu'ailleurs, les arbres ont un air affligé qui serre le cœur. N'importe! puisque nous y sommes, allons toujours.

Et un nuage plus épais que les autres

ayant de nouveau passé sur la lune, Salvator résolut de profiter des ténèbres, que ce voile aérien répandait sur la terre, pour se hasarder à traverser l'intervalle découvert qui séparait la lisière du bois du bord de l'étang.

Cependant, à l'extrémité du bois, Salvator s'arrêta et retint Brésil.

Devant lui, de l'autre côté de l'étang, s'élevait comme une masse sombre et gigantesque, trouée par une seule lumière brillant derrière la vitre d'un petit cabinet, le château de Viry.

Le château était donc habité, malgré l'état du parc, qui semblait une forêt vierge, malgré l'état des chemins qui semblaient des prairies abandonnées, puisqu'une lumière brillait à une fenêtre.

C'était une double précaution à prendre.

Salvator plongea tout autour de lui ce regard du chasseur habitué à voir dans les ténèbres, et se résolut de pousser l'investigation jusqu'au bout.

Et cependant il n'avait aucune certitude; de vagues soupçons, inspirés par les terreurs muettes de Rose-de-Noël, voilà tout. Pourquoi cette persistance? pourquoi volontairement s'en aller ainsi à la recherche de l'inconnu? Parce qu'il lui semblait que cet inconnu, c'était quelque crime horrible, et qu'il n'allait pas à sa recherche volontairement, comme nous l'avons dit, mais fatalement poussé par cette Providence qu'on appelle le hasard, et qui donne aux gens de bien une faculté supérieure, une puissance de divination extraordinaire.

Un massif d'arbres verts s'élevait à quelques pas de l'étang; le massif d'arbres offrait un abri. C'était vers l'étang que semblait tendre le but de la course de Brésil.

Salvator laissa la lune briller et s'éteindre de nouveau, puis, profitant du moment où elle se cachait, il gagna le massif, suivi pas à pas de Brésil, à qui il avait ordonné de se tenir derrière.

Une fois caché dans le massif de sapins, Salvator caressa de la main le cou de Brésil et lui dit ce seul mot :

— Cherche !

Aussitôt Brésil s'élança vers l'étang, disparut dans les roseaux qui faisaient une ceinture à sa rive, puis reparut derrière cette ceinture de roseaux, nageant la tête hors de l'eau.

Il nagea ainsi pendant une vingtaine de pas environ.

Puis il s'arrêta, nagea en cercle, au lieu

de nager diagonalement, puis il plongea.

Salvator ne perdait pas de vue un seul des mouvements du chien; on eût dit qu'il devinait ses intentions avec la même intelligence, disons mieux, avec le même instinct que Brésil devinait les siennes.

Salvator se dressa sur la pointe des pieds pour mieux voir.

Au bout de quelques secondes, Brésil reparut.

Puis il replongea.

Mais, comme la première fois, il reparut sans rien ramener à la surface.

Alors il nagea vers le bord, en traçant une ligne qui faisait l'angle en la comparant à celle qu'il avait suivie pour atteindre le milieu de l'étang. Arrivé au bord, Brésil, comme s'il suivait une piste, fit cinq ou six pas le nez sur le gazon.

Puis il leva la tête, poussa un hurlement sourd et lamentable, et reprit sa course vers le bois.

Il passait à vingt pas du massif où était caché Salvator.

Salvator comprit que ce n'était pas sans raison que Brésil revenait sur ses pas et rentrait dans le bois.

Il fit entendre un simple sifflement entre

ses dents serrées. Le chien s'arrêta, pliant sur ses jarrets, comme fait un cheval dont son cavalier serre le mors.

Salvator ne voulait pas perdre de vue Brésil pour n'avoir pas besoin de l'appeler.

Il regarda donc de nouveau autour de lui, et reconnaissant que tout était silencieux et solitaire, il franchit l'intervalle qui séparait le massif du bois avec autant de bonheur qu'il avait franchi celui qui séparait le bois du massif.

Brésil se remit en marche. Salvator le suivit et disparut bientôt avec lui dans le taillis.

Il savait que tous ces mouvements de son chien, si contradictoires qu'ils parussent, avaient une raison d'être.

Je ne sais qui a dit qu'à la chasse c'était le chien qui était le chasseur, et le chasseur qui était le chien. C'est peut-être moi, c'est peut-être aussi mon ami Léon Bertrand, ce grand chasseur devant l'Éternel, qui sait depuis vieux temps tous les mystères de la vénerie et toutes les ruses de la race canine. Répétons cette vérité, antique ou nouvelle, la vérité ne saurait trop être dite.

En rentrant dans le bois, chien et maître traversèrent une plate-bande où commençaient à renaître les premières plantes du printemps, comme si, malgré la sombre fatalité qui pesait sur cette maison maudite, la nature, bonne et miséricordieuse, lui pardonnait en fleurissant.

On arriva à une allée qui bifurquait à son extrémité.

Là, le chien s'arrêta encore et parut hésiter.

Un des chemins conduisait au jardin potager.

L'autre, à un sentier qui s'enfonçait dans le bois.

Après quelques secondes d'hésitation,

ou plutôt de réflexions, Brésil se décida pour le sentier qui conduisait dans le bois.

Salvator s'engagea dans le sentier derrière le chien.

Ils marchèrent ainsi pendant une ou deux minutes.

Au bout de ce temps, le chien s'arrêta encore.

Puis, au lieu de continuer à suivre le sentier, il entra dans un massif que dominait un grand arbre, et à la lisière duquel s'élevait un banc qui paraissait de ce côté le but d'une promenade.

Salvator entra dans le massif derrière Brésil.

Là, le chien fureta un instant à travers les branches et les feuilles mortes qui couvraient la terre.

Puis il appuya ses naseaux contre le sol, aspirant bruyamment les émanations qui s'en échappaient. Enfin, arrivé au centre d'un cercle décrit par lui-même, il s'arrêta immobile, fixe et dans l'attitude de la contemplation.

On eût dit qu'il essayait de voir dans la terre.

— Eh bien, demanda Salvator, qu'y a-t-il donc là, mon bon Brésil ?

Le chien courba la tête jusqu'au sol, y

appuya son museau et resta aussi immobile que s'il n'eût point entendu la question de son maître.

— C'est ici, n'est-ce pas? c'est ici! demanda Salvator mettant un genou en terre et touchant du bout du doigt la place indiquée par le chien.

Le chien se retourna vivement, regarda son maître avec ses grands yeux intelligents, poussa un faible gémissement et se remit à flairer.

— Cherche! dit Salvator.

Roland, en grognant sourdement, posa ses deux pattes rapprochées l'une de l'autre à l'endroit où Salvator avait posé le doigt.

Puis il flaira de nouveau.

Le cri d'Archimède se présenta au souvenir du jeune homme.

— Eureka, dit-il, comme le mathématicien de Syracuse.

Puis, pour encourager le chien :

— Cherche! dit Salvator, cherche!

Alors Brésil se mit à gratter la terre avec une fureur telle, qu'on eût dit que le bout de toute cette course dans les ténèbres, de cette chasse nocturne, c'était là, et non autre part.

— Cherche! répéta Salvator, cherche!

Et avec la même furie, le chien continua de fouiller la terre.

Après dix minutes de ce travail, qui semblèrent un siècle à Salvator, Brésil recula précipitamment.

Tout son corps semblait agité d'un tremblement de terreur.

— Qu'y a-t-il donc, mon bon chien? demanda Salvator toujours incliné sur un genou.

Le chien le regarda et sembla dire :

— Mais vois donc toi-même !

Salvator essaya en effet d'y voir, mais la lune était cachée, et ses yeux cherchaient vainement à percer l'obscurité plus profonde encore dans le trou creusé par le chien qu'à la surface de la terre.

Il allongea la main et atteignit le fond du trou.

Il essayait de voir avec la main, ne pouvant voir avec les yeux.

Ses doigts se retirèrent crispés.

Il venait de toucher quelque chose de doux, de fin, de soyeux.

Il trembla à son tour comme avait tremblé le chien, plus fiévreusement, plus terriblement que s'il avait rencontré la dent d'une vipère.

Cependant, il fit un effort sur lui-même.

Il remit la main sur l'objet terrible.

— Oh! murmura-t-il, il n'y a pas à s'y tromper, ce sont des cheveux!...

Le chien accroupi gémissait, l'homme, la sueur au front, hésitait à tirer cette chevelure à lui.

La lune, qui venait de sortir de son nuage, donnait à l'un et à l'autre un aspect fantastique.

En ce moment le chien se rapprocha du trou, y fourra la tête tout entière, et Salvator sentit qu'il léchait tendrement ces cheveux entre ses doigts.

— Oh! murmura-t-il, qu'est-ce que cela, mon pauvre Brésil?

Mais Brésil releva la tête, et au lieu d'écouter son maître, au lieu de continuer à lécher ces cheveux au-dessous desquels Salvator sentait se modeler un crâne, il dirigea son regard vers le chemin, en faisant claquer ses dents les unes contre les autres.

Salvator tourna la tête comme lui, mais il ne vit rien.

Alors il appuya son oreille contre la terre et entendit un bruit de pas qui s'approchait.

Puis il releva la tête, et, cette fois, il lui sembla voir comme un fantôme suivant l'allée et s'approchant de son côté.

Brésil voulait s'élancer en grondant, mais Salvator le saisit par la peau du cou, et l'aplatissant sur le sol :

— A terre! Brésil! dit-il, à terre!

Et il se coucha lui-même, côte à côte du

chien, tout en ayant soin de placer son fusil à la portée de sa main.

Alors, quel que fût le silence, l'oreille d'Argus elle-même n'aurait pu entendre, ni l'haleine de l'homme, ni le souffle du chien.

Minuit sonna à l'horloge du clocher de Viry, et les tintements du bronze passèrent en frémissant dans l'air.

VI

Pourquoi le rossignol ne chantait pas.

Le fantôme continuait de s'approcher. Il passa à trois pas de Salvator et vint s'asseoir sur le banc.

Un instant, Salvator put croire que c'était l'ombre de ce corps que quelque crime inconnu tenait couché à ses pieds.

Cependant, il avait entendu un bruit de pas, et une ombre n'eût point assez pesé pour briser les branches sèches, pour faire résonner les feuilles mortes.

Ce n'était donc pas un fantôme, mais une jeune fille.

Seulement, comment une jeune fille errait-elle à minuit dans un parc, et venait-elle ainsi seule s'asseoir sur un banc?

Un rayon de la lune descendit sur son visage, et sur ce rayon son regard sembla monter au ciel.

Salvator put voir son visage. Ce visage lui était complétement inconnu.

C'était celui d'une enfant de seize ans, aux yeux d'azur, aux cheveux blonds, au teint plein de jeunesse et de fraîcheur.

Ses yeux, dirigés vers le ciel, avaient la fixité de l'extase. Il sembla seulement à Salvator que des larmes silencieuses coulaient sur ses joues.

En effet, à cette heure-là, les heureux dorment.

Roland, qui comprenait que ce n'était point là un ennemi bien à craindre, s'était adouci.

Salvator regardait avec plus d'étonnement que d'inquiétude.

Tout à coup un nom prononcé dans le lointain passa dans l'air. La jeune fille tressaillit et pencha la tête du côté du château. Salvator sentit un frisson passer sous la peau de Roland.

Il comprit que le chien allait faire entendre un grondement.

Il se rapprocha de lui, et, à son oreille :

— Silence ! Roland, dit-il.

Un second appel fit dresser la jeune fille sur ses pieds.

Salvator ne put s'empêcher de se soulever de terre. Il lui avait semblé entendre prononcer le nom de Mina.

Au bout de cinq minutes, pendant lesquelles la jeune fille, Salvator et le chien demeurèrent tous trois aussi immobiles que des statues, on entendit distinctement le nom de Mina jeté au vent par une voix d'homme.

Salvator porta sa main à son front en laissant, malgré lui, échapper une exclamation de surprise.

Roland releva ses lèvres d'une façon menaçante. Mais Salvator, lui appuyant la main sur la tête, le força d'allonger son cou sur ses deux pattes, lui répétant le mot *silence!* avec cette intonation prolongée et sifflante que les animaux comprennent si bien.

Sans doute que si toute l'attention de la jeune fille n'avait pas été portée sur un autre point, elle eût compris qu'il se passait quelque chose d'étrange à dix pas d'elle.

On entendit le bruit d'un pas pressé qui se rapprochait.

Un instant, la jeune fille parut avoir l'intention de s'élancer dans le bois pour s'y cacher ou fuir, mais elle secoua la tête comme si elle se disait à elle-même :

— Inutile !

Et elle se rassit.

Une exclamation annonça qu'elle était découverte.

Alors, d'un pas rapide, un jeune homme passa dans l'allée, et Salvator reconnut le cavalier qu'il avait reconnu au moment où il enjambait le mur.

— Oh! Providence, murmura-t-il, si c'était elle!

— Mina! Ah! c'est vous enfin, dit le jeune homme. Comment êtes-vous dehors à cette heure, seule au milieu du bois, à l'endroit le plus épais, le plus sauvage du parc?

— Et vous-même, monsieur, comment êtes-vous à cette heure dans cette maison, demanda la jeune fille, lorsqu'il était convenu que vous ne viendriez jamais la nuit?

— Mina, pardonnez-moi. Je n'ai pu résister au désir de vous voir. Si vous saviez comme je vous aime !

La jeune fille ne répondit point.

— Dites-moi, Mina, n'aurez-vous pas pitié de moi ? Cet amour insensé, j'en conviens, mais invincible, ne trouvera-t-il pas grâce à vos yeux ? Sans m'aimer encore, ne me haïssez-vous pas moins ?

La jeune fille garda le silence.

— Est-il possible que deux cœurs battent près l'un de l'autre, Mina, l'un d'un si grand amour, l'autre d'une si grande haine ?

Le jeune homme voulut prendre la main de Mina.

— Vous savez qu'il est convenu encore, monsieur Lorédan, que vous ne me toucherez jamais, dit-elle en retirant sa main, et en reculant sur le banc où le jeune homme n'osa pas s'asseoir.

— Mais enfin, reprit-il, visiblement dominé par cette glaciale dignité, dites-moi pourquoi je vous trouve ici?

— Vous voulez que je vous le dise?

— Je vous en supplie.

— Eh bien! écoutez, et vous verrez que

je n'ai rien à craindre de vous, puisque quand vous manquez à votre promesse le ciel m'envoie ses avertissements.

— Je vous écoute, Mina.

— J'étais couchée, je dormais... Aussi vrai que je vous vois dans ce moment-ci debout devant moi, je vous vis ouvrir la porte de ma chambre avec une double clé et entrer; je me réveillai, j'étais seule; mais je me dis que vous alliez venir. Je me levai, je m'habillai, je sortis dans le parc et je suis venue m'asseoir sur ce banc.

— Mina, impossible...

— Est-il vrai, dites-moi, que vous soyez

entré dans ma chambre avec une double clé ?

— Mina ! pardonnez-moi.

— Je n'ai rien à vous pardonner. Vous me retenez ici malgré moi, j'y reste parce que, si je fuyais, vous me l'avez dit, la liberté et la vie de Justin sont menacées. Mais vous savez aussi à quelles conditions je reste. Eh bien, vous avez manqué à ces conditions, monsieur !

— Mina, il est impossible que vous ayez pu deviner que j'étais en route pour venir ici... prévoir que j'allais entrer...

— Je l'ai cependant deviné, monsieur,

je l'ai cependant prévu, et cela vous a épargné un remords éternel, si tant est que vous puissiez avoir un remords.

— Que voulez-vous dire ?

— Qu'en vous voyant entrer dans ma chambre je me serais tuée avec ce couteau.

Et elle tira de sa poitrine une lame fine et aiguë, cachée dans une gaîne de ciseaux.

Le jeune homme frappa du pied avec impatience.

— Ah ! oui ! dit Mina, je comprends, il est cruel, n'est-ce pas, d'être riche, tout-puissant, de plier le code à son caprice, de pouvoir disposer de la liberté et de la vie d'un innocent, quand on est criminel, soi; et de se dire : Je peux tout cela et je ne peux pas empêcher cette petite fille de se tuer si je la déshonore.

— Oh! je vous en empêcherai bien cependant.

— Vous m'en empêcherez, vous !

— Oui, moi!

Et le jeune homme, d'un mouvement rapide, saisit la main dont Mina tenait le couteau.

— En m'arrachant cette arme, dit Mina :

eh bien! mais cette arme n'est qu'un moyen de mort; ce moyen ôté, il m'en restera dix autres. N'y a-t-il pas l'étang qui est en face du château; ne serais-je pas toujours libre de monter au second étage et de me jeter par la fenêtre sur les dalles du perron. Oh! mon honneur est bien gardé, je vous jure, car il est sous la garde de la mort.

— Mina, vous ne ferez pas ce que vous dites !

— Aussi vrai que je vous hais, aussi vrai que je vous déteste, aussi vrai que je vous méprise, aussi vrai que j'aime Justin, aussi vrai que je n'aimerai jamais que lui, je me tuerai, monsieur, au jour, à l'heure, à la minute où je ne serai plus digne de repa-

*r*aître devant lui. Après cela, vous êtes libre de me garder ici tant qu'il vous plaira.

— Soit ! dit le jeune homme, dont Salvator entendit les dents grincer les unes contre les autres, nous verrons qui se lassera le premier.

— Ce sera à coup sûr celui avec lequel Dieu n'est pas, répondit la jeune fille.

— Dieu ! murmura le jeune homme. Dieu ! toujours Dieu !

— Oui, je sais qu'il y a des gens qui n'y croient pas ou qui font semblant de ne pas y croire, à Dieu, et si vous aviez le malheur d'être un de ces hommes-là, monsieur, je vous dirais — à ce rayon de lune qui nous éclaire tous deux, regardez-moi, moi l'opprimée, moi la prisonnière, moi l'esclave, eh bien ! c'est moi qui suis calme et croyante, et c'est vous qui êtes plein de doute et de colère. Il y a donc un Dieu, puisque ce Dieu permet que je sois tranquille et que vous soyez agité.

— Mina, dit le jeune homme en se jetant à ses genoux, vous avez raison, il faut croire au Dieu qui vous a faite. Il ne me manque qu'une chose pour y croire, c'est votre amour. Aimez-moi et j'y croirai.

La jeune fille se leva et fit un pas en arrière pour s'éloigner de Lorédan.

— Le jour où je vous aimerais, dit-elle,

c'est que je n'y croirai plus, puisque je préférerai à l'honneur et à la loyauté la trahison et le crime.

— Mina, dit le jeune homme en se relevant et en affectant un calme qui était évidemment loin de lui, je vois bien qu'il faut que je sois le plus raisonnable des deux, prenez mon bras et rentrons.

— Tant que vous serez dans ce château, je ne rentrerai pas, monsieur.

— Mina, je vous jure qu'aussitôt que vous serez entrée je partirai.

— Partez d'abord, je rentrerai ensuite.

— Vous serez cause que je me porterai

à quelque extrémité, s'écria le jeune homme.

— Ici, à la face de Dieu, dit Mina en montrant le ciel, vous n'oserez pas.

— Eh bien! je m'en vais, puisque vous me chassez, mais c'est vous qui me rappellerez, Mina!

Mina sourit dédaigneusement.

— Adieu, Mina. Ah! si Justin est perdu, ne vous en prenez qu'à vous!

— Justin est comme moi, sous la garde de Dieu, et les méchants ne peuvent pas plus contre lui qu'ils ne peuvent contre moi.

— C'est ce que nous verrons. Adieu Mina !

Et le jeune homme s'éloigna rapidement en poussant une espèce de rugissement de colère.

Au bout de dix pas, il s'arrêta et se retourna pour voir si Mina ne le rappellerait point.

Mina, debout, immobile, n'avait même pas daigné répondre à son adieu.

Il fit un geste de menace et disparut.

Le fort venait de se briser contre le faible.

Mina le regarda s'éloigner sans faire un mouvement, mais quand elle l'eut perdu de vue, quand le bruit de ses pas se fut éteint dans l'éloignement, quand elle se crut bien seule et abandonnée à sa faiblesse, sans doute le sentiment de cette faiblesse se présenta à son esprit, car elle se laissa retomber sur le banc comme anéantie, et ses larmes, contenues pendant toute cette scène par le sentiment de sa dignité, jaillirent impétueusement.

— Mon Dieu ! s'écria-t-elle, en élevant d'un mouvement désespéré ses deux bras au ciel, mon Dieu ! n'étendrez-vous pas la main sur moi, votre main miséricordieuse? Ah ! mon Dieu ! vous le savez, ce n'est point pour moi, ce n'est point pour ma vie que je vous implore, mais c'est pour celui que j'aime. Disposez de votre humble servante, mais grâce pour Justin ; la mort ou une existence de douleurs pour moi, mais sauvez Justin. Seigneur ! Seigneur ! ajouta-t-elle en se laissant glisser de son banc et en tombant à genoux, Seigneur ! écoutez-moi, Seigneur ! répondez-moi.

Puis, avec un sanglot déchirant :

— Hélas ! hélas ! êtes-vous donc trop loin pour m'entendre ?

— Non, Mina, dit Salvator d'une voix douce et vibrante à la fois, il vous a entendue et il m'envoie à votre secours.

— Grand Dieu ! s'écria Mina en se relevant épouvantée et prête à fuir, qui est là et qui me parle?

— Un ami de Justin, n'ayez pas peur, Mina!

Mais, malgré les paroles rassurantes qu'elle venait d'entendre, Mina poussa un cri d'effroi en voyant sortir du massif cet homme, accompagné d'un chien de la grandeur démesurée des animaux de l'Apocalypse, et qui se prétendait l'envoyé de Dieu et l'ami de Justin.

C'était véritablement une apparition fantastique, et la jeune fille, cherchant vainement à se l'expliquer, jeta ses deux mains sur ses yeux et courba la tête en murmurant :

— Oh! qui que vous sóyez, soyez le bienvenu. Tout, tout, tout, plutôt que d'appartenir à cet infâme.

Et maintenant le lecteur s'explique pourquoi le rossignol ne chantait pas dans un parc où se passaient de si terribles choses.

VII

Explications.

Le premier mouvement de Mina, on l'a vu, et la chose est facile à comprendre, avait été tout à l'effroi. Mais en entendant la voix douce et sympathique de Salvator, en comprenant qu'il s'était arrêté à trois pas d'elle, et demeurait là, n'osant avancer, de peur de redoubler sa terreur, elle laissa doucement tomber les mains dont elle s'était voilé le visage, et ses yeux ayant échangé un regard avec ceux de Salvator, elle comprit qu'ainsi que l'avait dit le jeune homme, là était le salut.

Certaine alors d'avoir affaire à un ami, ce fut elle qui franchit la distance qui les séparait encore.

— Ne craignez rien, mademoiselle, dit Salvator.

— Vous voyez bien que je ne crains rien, monsieur, puisque c'est moi qui viens à vous.

— Et vous avez raison, car vous n'avez jamais eu d'ami meilleur, plus tendre, plus dévoué que moi.

— Un ami! voilà la seconde fois que vous prononcez ce nom, monsieur, et cependant je ne vous connais pas.

— C'est vrai, mademoiselle, mais dans un instant vous me connaîtrez.

— D'abord, dit Mina en interrompant Salvator, y a-t-il longtemps que vous êtes là?

— J'y étais déjà lorsque vous vîntes vous asseoir sur le banc.

— Alors vous avez entendu?

— Tout! C'est ce que vous désirez savoir avant de me répondre, n'est-ce pas?

— Oui!

— Eh bien! croyez que je n'ai pas perdu un mot de ce que vous a dit M. Lorédan de Valgeneuse, pas un mot de ce que vous lui avez répondu, et que mon admiration pour vous, et mon mépris pour lui ont grandi en mesure égale.

— Maintenant, monsieur, encore une question.

— Vous désirez savoir comment je me trouve ici, n'est-ce pas?

— Non, monsieur, j'ai foi en ce Dieu

que j'invoquais quand vous m'êtes apparu, et je crois que c'est la Providence qui vous a placé sur mon chemin. Non — la jeune fille jeta un regard de curiosité sur son costume de chasseur, qui n'accusait aucun rang social — non, je voulais vous demander seulement à qui j'ai l'honneur de parler.

— A quoi bon vous dire qui je suis. Je suis une énigme dont le mot est aux mains de la Providence. Quant à mon nom, je vous dirai celui sous lequel on me connaît. Je m'appelle Salvator; acceptez ce nom comme de bon augure, il veut dire *Sauveur*.

— Salvator! répéta la jeune fille. Un beau nom, dans lequel je me fie.

— Il y en a un autre auquel vous vous fieriez bien davantage.

— Vous l'avez déjà prononcé une fois, n'est-ce pas ? — Celui de Justin ?

— Oui !

— Vous connaissez donc Justin, monsieur ?

— A quatre heures de l'après-midi, j'étais encore près de lui.

— Oh ! monsieur, il m'aime toujours, j'espère ?

— Il vous adore !

— Pauvre Justin! et il est bien malheureux, sans doute?

— Il est au désespoir.

— Oui, mais vous lui direz que vous m'avez vue, n'est-ce pas? vous lui direz que je l'aime toujours, que je n'aime que lui, que je n'aimerai jamais que lui, et que je mourrai plutôt que d'appartenir à un autre.

— Je lui dirai ce que j'ai vu et entendu; mais écoutez : nous devons profiter de cette étrange combinaison d'événements qui, à l'heure même où je poursuis la trace d'un crime, me conduit à un autre, comme si se croisaient les réseaux infâmes du meurtre et du rapt. Il n'y a pas un instant à perdre, la nuit s'avance. Vous avez mille choses à me dire, à me raconter, qu'il est important que je sache, qu'il est important que Justin sache lui-même. — Mina fit un mouvement. Or, je commencerai, moi, pour que vous ne conserviez aucun doute, et vous ne parlerez que quand vous saurez à qui s'adressent vos paroles.

— Monsieur, c'est inutile !

— J'ai à vous parler de Justin.

— Oh ! alors, je vous écoute.

Et Mina s'assit sur le banc, faisant près d'elle à Salvator cette place que Lorédan avait tant ambitionnée et n'avait pu obtenir.

Brésil eût bien voulu retourner vers le massif, mais un ordre impérieux de Salvator le fit coucher à ses pieds et à ceux de Mina.

— Soyez le bien-venu, monsieur, qui venez de la part de cet ange de bonté qu'on appelle Justin. Répétez-moi bien, n'est-ce pas, tout ce qu'il a dit, tout ce qu'il a fait quand il ne m'a plus trouvée à Versailles.

— Tout, vous saurez tout, répondit Salvator en serrant doucement et fraternellement la main que Mina lui tendait et qu'elle ne songea pas plus à tirer de ses mains qu'il ne songea, lui, à la lui rendre.

Alors Salvator lui raconta mot à mot le drame au dénoûment duquel nous avons assisté, comment, conduits par les sons du violoncelle, lui et Jean Robert, chez le maître d'école, ils lui avaient offert leur dévoûment; comment, en sortant de chez lui, ils avaient rencontré Babolin; comment celui-ci apportait une lettre; comment cette lettre annonçait l'enlèvement de Mina; comment alors Justin et Jean Robert s'étaient rendus chez la Brocante, tandis que lui Salvator courait à la police et emmenait M. Jackal à Versailles. Il détailla à Mina, de manière à ce que celle-ci ne conservât aucun doute sur la part qu'avait prise le narrateur à cette expédition, et la distribution du pensionnat de madame Desmarets, et l'intérieur de la chambre de la jeune fille, et le plan du jardin par lequel elle avait été enlevée, et plus d'une fois il sentit frissonner d'effroi la main de Mina, qui, plus d'une fois aussi, trembla de pudeur à ses secrets dévoilés.

Puis, lorsque Salvator fut entré dans les moindres détails des démarches qu'il avait faites pour retrouver Mina, démarches jusqu'alors inutiles; lorsqu'il lui eut dit la tristesse et l'obscurité de cet intérieur, dont la joie et la lumière s'étaient envolées, et qui était réduit à la mère, au frère et à la sœur, il écouta à son tour, car c'était à Mina à parler et à rendre à Salvator narration pour narration.

Au moment où Mina ouvrait la bouche pour commencer, Salvator l'arrêta par une dernière recommandation.

— Surtout, lui dit-il, chère fiancée de mon Justin, chère sœur de mon âme, n'oubliez aucun des détails de votre enlèvement; tout est important à savoir, vous le comprenez bien. Nous luttons contre un ennemi qui a pour lui les deux choses qui font l'impunité ici-bas, la richesse et la puissance.

— Oh! soyez tranquille, répondit Mina, je vivrais cent ans que je me souviendrais des moindres épisodes de cette terrible nuit, comme je m'en souvenais le lendemain matin, comme je m'en souviens aujourd'hui.

— J'écoute.

— J'avais passé toute la soirée avec Suzanne de Valgeneuse, elle assise dans un fauteuil au pied de mon lit, moi un peu souffrante et couchée sur mon lit, enveloppée d'un grand peignoir.

Nous parlions de Justin ; le temps passait vite.

Nous entendîmes sonner onze heures.

Je fis l'observation à Suzanne qu'il était

déjà bien tard, et qu'il serait temps de nous séparer.

— Es-tu donc si pressée de dormir? me dit-elle. Quant à moi, je n'en ai aucune envie.

Causons.

En effet, elle paraissait agitée, fiévreuse, elle écoutait prêtant l'oreille au moindre bruit; elle regardait du côté de la fenêtre, comme si son regard eût voulu voir dans le jardin ou à travers le double rideau.

Deux ou trois fois je lui demandai :

— Qu'as-tu donc?

— Moi ? rien, répondit-elle chaque fois.

— Je ne m'étais donc pas trompé, interrompit Salvator.

— Qu'aviez-vous pensé, mon ami ?

— Qu'elle était du complot.

— A force de penser à son agitation, j'ai fini par le croire aussi, dit Mina. Enfin, à minuit moins un quart, elle se leva en me disant :

— Ne ferme point la porte, Mina. Si je ne puis dormir, ce qui est probable, je reviendrai.

Elle m'embrassa et sortit.

Je sentis ses lèvres frissonner au moment où elles touchèrent mon front.

— Baiser de trahison, lèvres de Judas, murmura Salvator.

— Je n'avais pas envie de dormir non plus, mais je désirais être seule.

— Pour relire les lettres de Justin, n'est-ce pas? dit Salvator.

— Oui! Qui vous a dit cela? demanda Mina en rougissant.

— Nous les avons trouvées éparses sur votre lit et à terre.

— Oh! mes lettres, mes chères lettres, dit Mina, que sont-elles devenues?

— Soyez tranquille, c'est Justin qui les a.

— Oh ! que je voudrais les avoir, moi, et combien elles me manquent ici !

— Vous les aurez !

— Merci, mon frère, dit Mina en serrant la main de Salvator.

Elle continua :

— Je lisais donc ces chères lettres lorsque minuit sonna.

Je songeai qu'il était temps de me déshabiller et de me coucher. Mais, au moment même où je faisais cette réflexion, il me sembla entendre des pas dans le corridor qui va de l'escalier au jardin.

Je pensai que c'était Suzanne qui revenait.

Les pas dépassèrent ma porte, leur bruit s'éteignit.

— Est-ce toi, Suzanne? demandai-je.

Personne ne me répondit.

Il me sembla alors que j'entendais tirer les verroux de la porte du jardin, et cette porte tourner sur ses gonds.

Jamais personne n'allait, la nuit venue,

dans ce jardin sombre, immense, et donnant sur une ruelle déserte.

Le chuchottement de plusieurs voix arriva jusqu'à moi.

Je me soulevai sur mon lit et tendis l'oreille, toute frémissante.

J'entendais mon cœur battre violemment.

En ce moment, la bougie pétilla et s'assombrit, comme on dit qu'il arrive parfois lorsqu'elle va éclairer un malheur.

Mes yeux étaient fixés sur la porte. Je n'avais qu'un pas à faire pour tourner la clé et pousser le verrou.

Je laissai glisser une de mes jambes à terre. Il me semblait qu'extérieurement une main cherchait le bouton de ma porte.

Je m'élançai ; mais au moment où, du bout des doigts, j'allais pousser le verrou, la porte s'ouvrit violemment, rejetant ma main en arrière, et, dans la pénombre du corridor, j'aperçus deux hommes masqués.

Plus loin, derrière eux, il me sembla, comme un fantôme, voir se glisser une femme.

Je jetai un cri, un seul.

Je me sentis prise à bras le corps, une main s'appuya sur ma bouche.

J'entendis que l'on refermait ma porte en dedans et que l'on repoussait les verroux.

Puis, au lieu de la main, ce fut un mouchoir que l'on étendit sur mes lèvres, et que l'on serra si fortement qu'il m'était devenu impossible de respirer.

Je fis ma prière. Je crus que j'allais mourir étouffée.

— Pauvre enfant! murmura Salvator.

— Je battis l'air de mes bras, mais une main vigoureuse les saisit, les ramena derrière mon dos et me lia les poignets avec un mouchoir.

Dès le premier choc, soit par hasard, soit à dessein, la bougie avait été éteinte.

J'entendis qu'on tirait les rideaux et qu'on ouvrait la fenêtre.

Une sensation de fraîcheur vint jusqu'à moi, l'obscurité de ma chambre s'éclaircit un peu ; j'aperçus à travers le cadre de la croisée les arbres noirs et le ciel brumeux.

Un troisième homme masqué attendait près de la fenêtre, en dehors, dans le jardin.

Je sentis qu'un des hommes me soulevait entre ses bras et me passait de l'intérieur à l'extérieur.

— La voilà, dit-il.

— Il me semble qu'elle a crié? dit la voix du jardin.

— Oui, mais personne n'a entendu, ou si l'on a entendu et si l'on vient, *la demoiselle* est sur l'escalier, elle dira qu'elle a fait un faux pas, que le pied lui a tourné et que la douleur lui a arraché un cri.

Ce mot *la demoiselle* me rappela cette femme que j'avais cru voir.

Alors le premier soupçon que Suzanne était complice de mon enlèvement et qu'un des hommes masqués était son frère passa comme un éclair dans mon esprit.

Si cela était, je n'avais plus rien à craindre pour ma vie ; mais gagnerai-je quelque chose à sauver ma vie ?

Pendant ce temps-là, je me sentais emportée à travers le jardin.

Celui qui m'emportait s'arrêta au pied d'un mur au sommet duquel était appuyée une échelle.

Je me sentis enlevée par-dessus ce mur, et il me sembla que trois personnes réunies opéraient cette dangereuse translation.

Une échelle attendait de l'autre côté du mur.

Une voiture stationnait au bas de l'échelle.

Je reconnus cette ruelle déserte qui longeait le jardin.

On me descendit avec les mêmes précautions qu'on m'avait montée.

Un des hommes entra dans la voiture avant moi, les deux autres m'y poussèrent ; mon compagnon de voyage me fit asseoir sur la banquette du fond en me disant :

— Ne craignez rien, on ne vous veut pas de mal.

Un des deux hommes resté en arrière referma la portière.

L'autre dit au cocher

— Où vous savez.

La voiture partit au galop.

Dans ces quelques mots :

Ne craignez rien, on ne vous fera pas de mal, j'avais reconnu la voix du frère de Suzanne, du comte Lorédan de Valgeneuse.

— Oui, dit Salvator, de celui qui était là tout à l'heure, à qui j'aurais pu si facilement loger une balle dans la tête.

Mais je ne suis pas un assassin, moi !...

Continuez, Mina.

VIII

La route.

Aussitôt que nous fûmes hors de Versailles, le comte de Valgeneuse dénoua le mouchoir qui me couvrait la bouche et celui qui nouait mes mains.

J'avais les lèvres en sang, et, pendant

plus de quinze jours, je gardai sur mes mains la marque bleuâtre du nœud.

— Le misérable ! murmura Salvator.

— Mademoiselle, me dit-il, vous voyez que je vous rends tout ce que je puis de liberté; ne criez pas, n'appelez pas. Je vous préviens que je tiens entre mes mains l'honneur de M. Justin, sa vie même. Un mot de vous le déshonore, un cri le tue.

— Vous ! m'écriai-je avec dédain.

— Je vous donnerai la preuve de ce que je dis. En attendant, je vous donne ma parole d'honneur que je vous dis la vérité.

— Votre parole d'honneur, répétai-je

jurez sur autre chose, monsieur, si vous voulez que je vous croie.

— En attendant, réfléchissez à mes paroles.

— Oui, monsieur, et je vous préviens que mes réflexions m'empêcheront de vous répondre. Il est donc inutile que vous me parliez.

Sans doute le comte se tint pour averti, car pendant tout le chemin il ne prononça point une seule parole.

A la barrière, la voiture s'arrêta et l'on ouvrit en même temps les deux portières.

J'étais prête à m'élancer.

Le comte n'essaya point de me retenir, mais il me dit ce seul mot :

— Vous savez que vous tuez Justin !

Je ne savais pas comment je le tuais, mais j'appréciais mon ravisseur, et je le croyais capable de tout.

Je me blottis silencieusement dans le coin de la voiture.

Nous entrâmes dans Paris.

La voiture gagna les Champs-Élysées, suivit le bord de l'eau, traversa un pont, fit quelques pas dans une rue et s'arrêta.

Le cocher cria : La porte !

La porte s'ouvrit lourdement, la voiture entra dans une cour, je descendis. La cour était fermée de tous côtés par des bâtiments, excepté sur une de ses faces, celle du mur donnant sur la rue.

— Oui, c'est cela ! murmura Salvator.

— Je montai un perron.

— Cinq marches ?

— Oui, je les ai comptées. D'où savez-vous cela ?

— Continuez, mon enfant, continuez, je vous suis pas à pas.

Nous entrâmes dans un vaste vestibule.

Une petite porte s'ouvrit devant moi, un escalier sembla de lui-même se présenter à mes pieds ; je montai dix-huit marches...

— Plus une, qui faisait le seuil de la chambre où l'on vous conduisit.

— C'est cela ! c'est cela ! J'ignorais complétement où j'étais.

— Je le sais, moi ! Vous étiez rue du Bac, dans l'hôtel que le marquis de Valgeneuse, père du comte, a hérité de son frère aîné, *mort sans enfants*, ajouta Salvator en donnant une étrange expression à ces trois mots.

— Oui, maintenant que j'y songe, c'es probable.

Une porte s'ouvrit devant moi presque aussi magiquement que les autres.

J'étais dans une grande chambre toute tendue de tapisserie, toute meublée de chêne et qui semblait une bibliothèque, à cause de la grande quantité de livres rangés contre la muraille, entassés sur les chaises, sur les tables et même jetés à terre.

— Oui, dit Salvator, l'atelier.

— Veuillez attendre ici un instant, mademoiselle, me dit le comte, et ne craignez rien, vous êtes ici chez moi. C'est vous dire que vous ne courez aucun danger. Dans un instant, j'aurai l'honneur de vous revoir; j'ai quelques dispositions à prendre, et, nous repartirons immédiatement. Si vous avez besoin de quelque chose vous n'avez qu'à sonner; il y a dans la pièce voisine une femme de chambre à votre service.

Et il se retira sans attendre ma réponse, certain qu'il était que je ne lui répondrais pas.

A peine fus-je seule que la pensée me vint de me jeter par la fenêtre et de me briser la tête sur le pavé; mais la seule ouverture qu'il y eût à cette chambre, à part les portes, était placée au plafond, c'est-à-dire à plus de quinze pieds de haut.

Je me jetai à genoux et j'invoquai Dieu.

Par malheur sans doute je n'étais pas encore éprouvée. Dieu ne me répondit point comme il a fait tout à l'heure par votre voix, et je n'eus d'autre consolation que de pleurer toutes les larmes de mes yeux. En ce moment une idée me traversa l'esprit...

— Écrire à Justin...

Je trouvai du papier, mais on avait enlevé les plumes et l'encre.

Par bonheur, sur la table se trouvait un portefeuille oublié. Ce portefeuille contenait un crayon.

Je le tirai vivement de son fourreau, et j'écrivis à la hâte deux lignes.

Je n'avais qu'une crainte. J'avais si peu dit à Justin que je l'aimais qu'il pouvait me croire coupable.

Que lui écrivis-je? je n'en sais plus rien.

— Je le sais, moi! dit Salvator.

— Vous le savez?

— Oui, puisque j'étais là quand il reçut la lettre. Vous lui écrivîtes ces quelques mots :

« On m'enlève de force, on m'entraîne...
» je ne sais pas où ! A mon secours, Jus-
» tin! Sauve-moi, mon frère! Ou venge-
» moi, mon époux !

» MINA. »

Seulement, quels moyens avez-vous employés pour la lui faire parvenir ? Cela nous est toujours demeuré obscur, et je crois que, sur ce point, la Brocante a eu quelque chose à nous cacher.

— En deux mots je vais vous le dire, reprit Mina.

A peine avais-je écrit l'adresse que j'entendis un bruit de pas dans le couloir. Je cachai la lettre dans ma poitrine et j'attendis.

Une femme de chambre parut et se mit à ma disposition.

Je refusai ses services et elle se retira.

La lettre était écrite, mais comment la faire parvenir. Je mis l'attrait d'une forte récompense sur la suscription et je comptai sur la Providence.

J'entendis de nouveau du bruit dans le corridor et cette fois le comte reparut.

— Êtes-vous prête à m'accompagner, me demanda-t-il ?

— Vous savez bien que je ne puis faire autrement, lui répondis-je.

E je me levai.

— Alors, venez, me dit-il froidement.

Je le suivis.

Nous descendîmes par le même escalier étroit, et je me retrouvai dans cette même cour que j'avais déjà franchie en venant. Au bas de l'escalier, était une voiture d'une autre forme et d'une autre couleur que celle qui nous avait amenés.

Le comte me fit monter la première et monta ensuite.

La porte s'ouvrit de nouveau, et la voiture repartit.

Je ne connais point Paris, de sorte que je ne puis dire par quelle rue nous passâmes.

D'ailleurs je ne songeais qu'à une chose,

je n'avais qu'une idée fixe ; faire parvenir ma lettre à Justin.

Je pouvais bien prétexter la chaleur, ouvrir la glace de la voiture et jeter ma lettre dans la rue ; mais il faisait de la boue, et et les passants eussent pu marcher dessus sans la voir.

Que faire ?

J'aperçus de loin des lumières, quelque chose comme des torches que l'on agitait. C'étaient des masques, à ce qu'il me sembla. Je demandai à abaisser la glace, mais le comte, craignant probablement que je n'appelasse au secours, refusa formellement.

— Mais, j'étouffe ! lui dis-je.

— Dans un instant, répondit-il, vous aurez de l'air.

Nous passâmes au milieu d'une espèce de marché, nous entrâmes dans une longue file de rues étroites et mal pavées, dans lesquelles les chevaux bronchaient à chaque instant. J'aperçus de loin une petite lumière tremblante et qui semblait fixée sur une borne.

Puis, à la lueur de cette lumière, il me sembla que se mouvait une forme humaine.

Une idée traversa mon esprit.

Cette forme humaine, c'était probablement quelque chiffonnier ; quel qu'il fût, si cet individu entendait tomber près de lui un objet quelconque, il ne manquerait pas de ramasser cet objet, et, en voyant quelle récompense était promise, il porterait la lettre à son adresse.

Comment faire pour qu'il entendît tomber la lettre ?

Cependant la voiture marchait rapidement ; nous approchions de la lumière, j'entrevis clairement une femme.

— Bon, me dis-je, cette femme va cherchant de pavé en pavé, elle trouvera ma lettre.

Je tirai ma lettre, mais en portant la

main à ma poitrine, je sentis une chaîne.

Cette chaîne soutenait une petite montre que Justin m'avait donnée.

Pauvre petite montre !

C'était tout ce que j'avais de Justin...

Tout ce que j'avais de Justin, je me trompais : je n'avais, au contraire, rien qui ne vînt de Justin. N'était-ce pas lui qui, depuis neuf ans, me donnait tout ce dont 'avais besoin ?

— Pauvre petite montre !

Elle m'avait tant de fois dit l'heure où

Justin allait arriver ; elle ne m'avait jamais quittée ni le jour ni la nuit, et j'allais m'en séparer ! Oui, mais n'était-ce pas dans l'espoir de revoir Justin que je faisais ce sacrifice ?

Je l'ôtai de mon cou et je l'embrassai en pleurant amèrement.

J'enveloppai la lettre autour d'elle et la chaîne autour de la lettre.

En ce moment, la voiture s'arrêta.

Nous étions arrivés près de la borne sur laquelle était posée la lanterne. Le comte ouvrit la glace de devant, et, s'adressant au cocher :

— Pourquoi t'arrêtes-tu, misérable? lui cria-t-il.

— Monsieur le comte, répondit le cocher, c'est cette femme qui me prévient qu'on ne peut pas passer, attendu qu'on repave.

— Retourne-t'en sur tes pas, alors, et prends une autre rue.

— C'est ce que je fais, monsieur le comte.

C'était une grâce du ciel qui m'était accordée.

Tandis que le comte s'était penché en avant, j'allongeai le bras à travers l'ouverture de la glace baissée, et je jetai mon petit paquet aussi lestement que je pus.

Il alla frapper contre le mur le long duquel était adossée la borne, et je sentis mon cœur se briser en entendant le bruit de l'éclat du verre de ma montre.

Pauvre petite montre !

J'avais eu le temps de la jeter, et de retirer le bras avant que le comte se retournât.

Il ne s'aperçut de rien.

La voiture pivota sur elle-même; et, dans le mouvement qu'elle fit, j'eus encore le temps de voir la chiffonnière prendre sa lanterne, éclairer le pavé et ramasser le paquet.

Dès ce moment, je me crus sauvée, et je résolus de m'armer de patience.

Deux heures après, nous entrions dans ce château inhabité depuis sept ou huit ans, et que le comte avait loué un mois auparavant dans le but de m'y conduire.

— Mademoiselle, me dit-il, vous êtes chez vous. Voici votre chambre : on n'y entrera point que vous n'appeliez. Réfléchissez bien au sort qui vous attendait avec ce misérable maître d'école dans son taudis de la rue Saint-Jacques, luttant chaque jour contre les besoins de la journée, et comparez-le à celui que vous offre un homme de mon rang, maître de deux cents mille livres de rente, qui fait du monde entier votre royaume.

Une femme de chambre va venir se mettre à votre disposition.

Et il sortit.

Derrière lui, en effet, une femme de chambre entra.

Elle m'offrit à souper.

Je lui répondis de dresser le souper dans ma chambre et que, si j'avais faim dans la nuit, je mangerais.

Je n'avais ni le besoin ni le désir de toucher au souper, j'avais une espérance.

Cette espérance fut réalisée.

Avec le dessert on me servit des couteaux à couper les fruits. J'en pris un, à lame mince et aiguë; j'étais déjà à demi-sauvée.

Ignorant quelles pouvaient être les entrées secrètes de cette chambre, je ne cherchai pas même à en fermer les entrées visibles. Je résolus de ne pas me coucher et, si je dormais, de dormir près du feu dans un grand fauteuil.

Je cachai le couteau dans ma poitrine : Je me mis, par une prière sainte et profonde, sous la garde du Seigneur.

Et j'attendis.

IX

Les articles 354, — 355, — et 356.

La nuit s'écoula tranquille.

J'étais tellement brisée par toutes les secousses que j'avais éprouvées que, malgré mon inquiétude, je m'endormis.

Il est vrai que de cinq minutes en cinq

minutes je me réveillais en tressaillant.

Le jour vint et, avec le jour, le malaise qui accompagne une nuit passée hors du lit.

Le feu était près de s'éteindre. J'ajoutai du bois à celui qui achevait de se consumer et je parvins à me réchauffer.

Mes fenêtres étaient situées au soleil levant, mais le soleil semblait ne pas devoir se lever ce jour-là.

J'allai à la fenêtre et tirai les rideaux.

La fenêtre donnait sur une prairie, au milieu de laquelle dormaient, entourées de roseaux, les eaux tristes d'un étang ; au-delà de l'étang s'étendait un parc dont une habile disposition empêchait de voir la fin.

Tout cela, eau dormante, gazon jauni, arbres dépouillés de leurs feuilles, à l'exception d'un massif de sapins, tout cela était d'une mélancolie profonde.

Au reste j'aimais mieux la nature ainsi; elle était du moins en harmonie avec les dispositions de mon cœur.

Au moment où j'ouvrais la fenêtre, un faible rayon de soleil, le seul qui brilla dans toute cette sombre journée, filtra à travers les nuées grises.

Je m'adressai à lui comme à un messager du Seigneur. Je lui envoyai ma prière en le suppliant de la reporter aux pieds du trône de Dieu, c'est-à-dire d'où il partait. Je lui parlai de Justin plus encore que de moi. Justin ne sachant pas ce que j'étais devenue, Justin ignorant si je l'aimais assez pour résister aux séductions comme aux menaces, me paraissait plus à plaindre que moi, sûre que j'étais de moi-même et par conséquent de rester fidèle à Justin.

Pendant que j'achevais ma prière, il me sembla entendre ouvrir ma porte.

Je me retournai... c'était le comte.

Je laissai ma fenêtre telle qu'elle était :

je me trouvais moins isolée ayant devant moi ce cadre ouvert sur le grand tableau du ciel.

Je me cramponnai à la barre.

— Mademoiselle, me dit le comte, je vous ai entendue ouvrir votre fenêtre, et, dès-lors, pensant que vous étiez levée, je me suis permis de me présenter chez vous.

— Je ne me suis pas couchée, monsieur, comme vous pouvez voir, répondis-je.

— Et vous avez eu tort, mademoiselle. Vous êtes ici aussi en sûreté que si vous aviez été gardée par votre mère.]

— Si j'avais le bonheur d'avoir une

mère, monsieur, je ne serais probablement point ici.

Il se tut un instant.

— Vous regardiez le paysage? dit-il. En ce moment de l'année il doit vous paraître triste, mais au printemps, on assure que c'est un des plus beaux des environs de Paris.

— Comment, au printemps ! lui dis-je. Vous pensez donc qu'au printemps je serai encore ici ?

— Vous serez où vous voudrez, à Rome, à Naples, en Italie, partout où il vous plaira, partout où vous permettrez à l'homme qui vous aime de vous suivre.

— Vous êtes fou, monsieur, lui dis-je.

— Vous n'avez donc pas réfléchi ? demanda le comte.

— Si fait, monsieur.

— Et le résultat de ces réflexions ?

— Est que dans notre époque, on n'enlève pas sérieusement une jeune fille, si isolée qu'elle soit.

— Je ne vous comprends pas.

— Je vais me faire comprendre. Supposez même que je sois prisonnière dans cette chambre...

— Vous ne l'êtes pas, Dieu merci ! cette

maison tout entière est à votre disposition, appartement et parc.

— Et vous comptez que, grâce aux murs trop hauts pour être escaladés, aux grilles trop solides pour être forcées, je ne pourrai pas fuir?

— Vous n'aurez pas besoin, pour fuir, d'escalader les murs; les portes sont ouvertes depuis six heures du matin jusqu'à dix heures du soir.

— Eh bien alors, demandai-je étonnée, comment espérez-vous me retenir ici, monsieur?

— En faisant un simple appel à votre raison.

— Expliquez-vous.

— Vous aimez M. Justin? m'avez-vous dit.

— Oui, monsieur, je l'aime !

— Alors vous seriez fâchée qu'il lui arrivât malheur ?

— Monsieur !

— Or, le plus grand malheur qui pourrait lui arriver à l'heure qu'il est, c'est que vous essayassiez de fuir de ce château.

— Comment cela ?

— Parce que M. Justin paierait pour vous.

— Justin paierait pour moi! Et qu'a donc à faire Justin avec vous ?

— Pas avec moi, mademoiselle, mais avec la loi.

— Comment avec la loi ?

— Oui !

— Essayez de fuir, fuyez, et, dix minutes après que je suis prévenu de votre fuite, M. Justin est en prison.

— En prison, Justin, et quel crime a-t-il commis, mon Dieu? Oh ! vous voulez m'effrayer, mais, Dieu merci ! je ne suis encore ni assez insensée, ni assez idiote pour vous croire sur parole.

— Ce n'est point non plus ma prétention d'être cru ainsi ; mais me croirez-vous sur preuve ?

Je commençais à m'effrayer en voyant son assurance.

— Monsieur ! balbutiai-je.

Il tira de sa poche un petit livre rayé de plusieurs couleurs.

— Connaissez-vous ce livre ? me demanda-t-il.

— Mais, répondis-je, c'est un Code, à ce qu'il me semble.

— Oui, c'est un Code. Tenez, prenez-le.

J'hésitais.

— Oh! prenez, je vous en prie. Vous voulez des preuves, il faut que je vous en donne, n'est-ce pas?

Je le pris.

— Très bien ! Ouvrez-le à la page 800, Code pénal, livre III.

— Après.

— Paragraphe 2.

— Paragraphe 2?

— Lisez. Remarquez bien qu'il n'est pas imprimé pour vous seule, ce dont vous pourrez vous assurer en envoyant chercher son pareil chez le notaire ou chez le maire.

— Que je lise ?

— Oui, lisez.

— Je lus :

§ 2. *Enlèvement de mineure.*

354. Quiconque aura par fraude ou par violence enlevé ou fait enlever des mineurs, ou les aura entraînés, détournés ou déplacés, ou les aura fait entraîner, détourner ou déplacer des lieux où ils étaient mis par

ceux à l'autorité ou à la direction desquels ils étaient soumis ou confiés, subira la peine de la réclusion.

Je levai les yeux sur le comte comme pour l'interroger.

— Continuez, dit-il.

355. Si la personne ainsi détournée et enlevée est une fille au-dessus de seize ans accomplis, la peine sera celle des travaux forcés à temps...

Je commençais de comprendre.

Je pâlis.

— Le misérable ! murmura Salvator.

— C'est le cas de M. Justin, dit froidement le comte.

— Oui, monsieur, repris-je, mais avec cette différence que je l'ai suivi volontairement, que je dirai tout haut qu'il m'a sauvé la vie, que je lui dois tout, que...

Il m'interrompit.

— Le cas est prévu par le paragraphe suivant, dit-il. Lisez :

356. Quand la fille au-dessous de seize ans aurait consenti à son enlèvement ou suivi volontairement le ravisseur, si celui-ci était majeur de vingt et un ans et au-dessus...

— M. Justin, interrompit le comte, avait juste vingt-deux ans ; je me suis informé de son âge. Continuez.

Je repris :

— De vingt et un ans et au-dessus ; il sera condamné aux travaux forcés à temps.

Le livre me tomba des mains.

— Mais au lieu d'être puni, m'écriai-je, Justin mériterait une récompense.

— Cela, mademoiselle, reprit froidement le comte, c'est ce que les tribunaux apprécieront. Mais je dois d'avance vous dire que, pour avoir détourné une mineure, pour l'avoir séquestrée chez lui, pour avoir voulu l'épouser sans le consentement de ses parents, sachant que cette mineure était riche, je dois vous dire que je doute que les tribunaux décernent à M. Justin le prix de vertu.

— Oh! m'écriai-je.

— En tous cas, continua le comte, essayez de fuir, et la question sera bientôt décidée.

Il tira de sa poche un papier qu'il déplia. Ce papier était marqué du sceau de l'État.

— Qu'est-ce encore? lui demandai-je.

— Rien. Un mandat d'amener délivré d'avance, portant le nom de M. Justin, comme vous voyez, est mis à ma disposition.

La liberté de M. Justin est donc entre mes mains. Une heure après votre fuite, son honneur sera entre les mains des tribunaux.

Je sentais la sueur perler sur mon front. Les jambes me manquèrent, je tombai sur le plus proche fauteuil.

Il se baissa, ramassa le Code, le mit sur mes genoux tout ouvert.

— Tenez, dit-il, je vous laisse ce petit

livre. Méditez les articles 354, 355 et 356, et ne dites plus que vous n'êtes pas libre de fuir.

Et, me saluant avec une feinte politesse, il se retira.

Salvator à son tour essuya son front.

— Ah! dit-il, il le ferait comme il le dit, le misérable !

— Oh ! je l'ai bien pensé, dit Mina. Voilà pourquoi je n'ai pas fui, voilà pourquoi je n'ai pas écrit à Justin, voilà pourquoi je me suis tue comme si j'étais morte.

— Et vous avez bien fait.

— J'espérais, j'attendais, je priais. Vous voilà ! Vous êtes l'ami de Justin, vous déciderez ; mais, dans tous les cas, dites-lui bien...

— Je lui dirai, Mina, que vous êtes un ange, reprit Salvator, se mettant à genoux devant la jeune fille et lui baisant respectueusement la main.

— Ah, mon Dieu ! dit Mina, que je vous remercie de m'avoir envoyé un pareil secours.

— Oui, Mina, remerciez Dieu, car c'est la Providence qui m'a conduit ici.

— Mais vous aviez quelque soupçon, cependant ?

— Non point pour vous; j'ignorais où vous étiez, quel lieu vous habitiez; j'avais fini par vous croire hors de France.

— Que veniez-vous donc chercher ici, alors?

— Oh! je poursuivais un autre crime que je ne puis vous dire, et dont je suis pour le moment obligé d'interrompre la recherche. Allons au plus pressé, c'est-à-dire à vous. Chaque chose viendra en son temps et à son tour.

— Eh bien ! que décidez-vous pour moi?

— D'abord, il est important que le pauvre Justin ait de vos nouvelles, qu'il sache que vous vous portez bien, que vous l'aimez toujours.

— Vous vous chargerez de le lui dire, n'est-ce pas ?

— Soyez tranquille.

— Mais à moi, à moi, dit Mina, qui me donnera de ses nouvelles ?

— Demain à la même heure, vous en trouverez dans le sable, sous ce banc, et si je ne pouvais vous les faire parvenir demain, ce serait pour après-demain, à la même place.

— Merci, mille fois merci ! monsieur;

mais retirez-vous ou du moins cachez-vous, j'entends un bruit de pas sur le sable et votre chien paraît inquiet.

— Tout beau! Brésil, dit tout bas Salvator au chien en lui montrant le fourré.

Brésil entra dans le bois.

Salvator le suivit et y était déjà rentré à mi-corps quand la jeune fille, se penchant de son côté, lui tendit le front en lui disant :

— Embrassez-le pour moi comme vous m'embrassez pour lui.

Salvator déposa sur le front de la jeune fille un baiser aussi chaste que le rayon de lune qui l'éclairait.

Puis il rentra vivement dans le fourré.

La jeune fille n'attendit point que les pas se rapprochassent davantage, elle s'élança rapidement vers la maison.

Au bout de quelques secondes, il entendit une voix de femme qui disait :

— Ah! c'est vous, mademoiselle. M. le comte, en partant, m'a ordonné de venir vous dire que l'air de la nuit était froid, et que vous pourriez prendre mal en vous y exposant plu longtemps.

— Me voici ! dit Mina.

Et les deux femmes s'éloignèrent.

Salvator écouta le bruit des pas qui allait s'affaiblissant et qui finit par s'éteindre tout à fait.

Alors il se pencha, cherchant de nouveau le trou fait par Roland, qui s'était remis à lécher cette chose étrange qui avait produit sur Salvator un si terrible effet.

— Ce sont les cheveux d'un enfant, murmura-t-il, il faut que je m'informe si Rose-de-Noël avait un frère.

Puis, écartant Roland, il ramena la terre avec son pied, combla le trou, et piétina dessus pour remettre les choses dans l'état où elles étaient avant la découverte qu'il venait de faire.

Puis, l'opération terminée :

— Allons, Roland, dit-il partons ! Mais sois tranquille, mon bon chien, nous reviendrons ici... un jour... ou une nuit.

X

La maison de la fée.

On se souvient de la menace faite à la Brocante par Salvator à l'endroit de ce bouge malsain de la rue Triperet, où nous avons vu pour la première fois la cartomancienne.

Salvator avait prononcé quelques paroles qui avaient effrayé la Brocante, et celle-ci s'était engagée à quitter au plus vite cette infecte habitation.

Mais si la menace de l'enlèvement de Rose-de-Noël l'avait effrayée, le calcul d'une dépense folle à ses yeux l'avait bien autrement effrayée encore et l'avait empêchée de tenir sa promesse. Puis il en est des misérables comme des riches : ils quittent difficilement, plus difficilement que les riches peut-être, la maison où ils ont vécu, et, peut-être mise en demeure de s'exécuter, la vieille avare, qui tenait à son affreuse soupente eût-elle préféré donner l'argent nécessaire à son déménagement et rester dans son bouge.

Mais, au milieu de son doute pour savoir si elle obéirait ou désobéirait à Salvator, la Brocante avait reçu une visite qui avait décidé sa détermination.

Un jour, un beau jeune homme, d'une parfaite élégance, s'était présenté chez elle, au nom de la fée Carita.

Il y avait deux noms qui caressaient doucement le cœur de cette belle et chétive enfant qu'on appelait Rose-de-Noël. L'un était celui de mademoiselle de La-mothe-Houdon, l'autre celui de Salvator.

Ce beau jeune homme, qui un jour était apparu sur le seuil de ce pandæmonium dont nous avons risqué la description, n'était autre que Pétrus.

Alors, en répétant à la vieille bohémienne, au milieu des aboiements des chiens et des croassements de la corneille, à peu près les mêmes paroles que Salvator avait déjà dites, il avait fait comprendre à la Brocante que l'heure était venue de déloger.

Mais ce qui avait surtout déterminé la vieille, c'était la façon dont Pétrus s'y était pris.

— Voilà la clé de votre nouvel appartement, avait-il dit. Vous n'avez qu'à vous présenter rue d'Ulm, n° 10 ; vous entrerez sous une grande porte, vous regarderez à gauche, vous verrez trois marches, vous monterez ces trois marches, vous introduirez cette clé dans la serrure de la porte qui sera devant vous, vous tournerez deux tours, la porte s'ouvrira, et vous serez dans votre appartement.

La Brocante avait, à ces mots, ouvert les yeux et les oreilles.

En effet, si d'un côté elle regrettait par habitude le bouge coutumier, de l'autre, comme elle n'avait pas un sou parisis à dépenser, au lieu de le mettre à la porte, elle avait offert un siége au nouveau-venu, et menacé les chiens et la corneille en l'honneur de son hôte.

Peut-être, malgré la menace de la Brocante, les chiens n'en eussent-ils aboyé et la corneille n'en eût-elle croassé que plus fort, mais Rose-de-Noël les avait priés de se taire, et ils obéissaient bien mieux aux prières de Rose-de-Noël qu'aux ordres de la Brocante.

Une fois assis, Pétrus avait ajouté :

— Seulement, il faut quitter votre grenier dès demain.

— Oh! avait dit la Brocante, et le temps de déménager!

— Il ne s'agit pas de déménager, il s'agit de vendre ou de donner tout ce que vous avez ici. Le logement que l'on vous offre par ma voix est meublé à neuf. Quant au loyer, il est payé pour un an. Voici la quittance.

La Brocante ne savait si elle rêvait ou veillait.

Aussi, derrière Pétrus, la clé à la main, avait-elle couru de la rue Triperet à la rue d'Ulm.

Tout s'était passé comme l'avait dit Pétrus : au n° 10, la Brocante avait trouvé une grande porte, sous la grande porte les trois marches, la clé avait tourné dans la serrure, la porte s'était ouverte, et la vieille

Bohémienne avait pénétré dans l'appartement.

Cet appartement était situé au rez-de-chaussée, les fenêtres donnaient sur un jardin de six pieds de long, c'est-à-dire de la grandeur d'une tombe si la personne qui le regardait était triste, de la grandeur d'une caisse d'oranger si la personne qui le regardait était gaie.

Ce rez-de-chaussée était composé de quatre pièces et d'une charmante petite chambre à l'entresol.

Relativement au grenier qu'habitait la Brocante, c'était, comme on voit, un palais.

Ces quatre pièces du rez-de-chaussée étaient une antichambre, une petite salle à manger, une chambre à coucher pour la vieille, un cabinet pour Babolin.

Il va sans dire que la chambre de l'entresol était pour Rose-de-Noël.

L'antichambre était tendue du haut en bas, plafond compris, d'un petit coutil blanc et bleu, avec des torsades et des glands de laine rouge, une jardinière en bois rustique, placée devant la fenêtre, renfermait quelques fleurs d'hiver. Quatre chaises en cannes en formaient avec elles l'ameublement.

De l'antichambre, on passait dans la salle à manger. La salle à manger était peinte en bois de chêne, avec une table de chêne et six chaises de chêne. Les rideaux étaient de mérinos vert, croisant sur des rideaux de mousseline. Aux murailles étaient pendus un coucou pour indiquer l'heure, et six gravures villageoises pour récréer les yeux. Un beau poêle chauffait à la fois la salle à manger et l'antichambre.

La chambre d'après était la chambre à coucher de la Brocante. C'était la pièce originale de l'appartement : un véritable musée, un cabinet d'histoire naturelle, et surtout d'histoire surnaturelle. Bien que cette chambre eût été meublée à peu de frais, l'ornementation en était d'un goût si sympathique à la Brocante, qu'elle poussa, en le voyant, un cri d'étonnement et de joie.

En effet, aux quatre côtés de la muraille, étaient pendus mille objets insignifiants pour toute autre, mais précieux, mais merveilleux pour elle.

Des cornues en croix, surmontées par un crâne couvert d'un voile noir.

Une jambe décharnée jusqu'au fémur, qui semblait du bout du pied repousser dédaigneusement ce crâne.

Une chauve-souris gigantesque, aux ailes étendues et riant à gorge déployée en voyant un mannequin provoquer une chimère de faïence.

Un grand cerf-volant, orné de toutes

sortes de figures cabalistiques, pendu au plafond et se balançant dans l'espace en face d'un crocodile qui, la gueule ouverte, semblait vouloir l'avaler.

Un as de pique gigantesque, combattant avec un as de carreau nain.

Un serpent empaillé enveloppant de ses replis l'arbre de la science du bien et du mal.

Un capucin de carton indiquant le changement de temps.

Un sablier mesurant l'heure.

Une trompette immense qui semblait

n'attendre que la dernière minute pour sonner d'elle-même le jugement dernier.

Enfin tout un mobilier de sorcellerie, c'est-à-dire la matérialisation du rêve que la Brocante avait fait toute sa vie, le monde d'une chiromancienne, réalisé par l'imagination d'un peintre.

Il n'y avait pas jusqu'à la corneille, qui avait son clocher dans un coin de la chambre, et les chiens, qui avaient leur niche dans des tonneaux.

Un lit à colonnes torses complétait l'ameublement de la chambre.

Le cabinet de Babolin était une petite

pièce tapissée d'un papier gris avec un lit de fer bien blanc, bien propre, bien neuf, deux chaises, une table, une étagère, formant armoire dans la partie inférieure, et supportant une quarantaine de volumes dans la partie supérieure.

Quant à la petite pièce de l'entresol, c'est-à-dire quant à la chambre de Rose-de-Noël, c'était un chef-d'œuvre tout simplement, chef-d'œuvre de simplicité surtout.

C'était une pièce grande comme une chambre de poupée, toute tendue de perse rose, avec des cordonnets bleu de ciel, rideaux et meubles pareils.

Les porcelaines de la cheminée et de la

toilette étaient bleues, avec des bouquets semblables à ceux de la perse.

Le tapis était bleu tout uni.

Le seul tableau de cette chambre était un grand médaillon doré renfermant un pastel.

Ce pastel était le portrait de la fée Carita, ressemblante à faire pousser un cri de surprise à ceux qui la connaissaient.

La fée revêtait son costume de fée pour aller aux soirées du ciel.

En sortant de la chambre fantastique de la Brocante, et en entrant dans cette petite chambre, on était émerveillé et réjoui comme lorsqu'on revoit le soleil en sortant des Catacombes.

La Brocante revint comme elle était allée, c'est-à-dire tout courant. Elle annonça la bonne nouvelle à Rose-de-Noël et à Babolin, et il fut décidé que ce ne serait pas le lendemain, mais le jour même que l'on irait habiter *la maison de la fée*.

Ce fut ainsi que l'on appela le nouvel appartement.

On prit un fiacre dans lequel on mit les objets dont on tenait à ne pas se séparer. Rose-de-Noël voulait emporter toute sa petite soupente, quoi que pût lui dire la

Brocante de l'élégance de son nouveau domicile. Elle prit tout ce qu'elle pouvait prendre, et l'on partit.

On comprend l'ébahissement de Babolin et de Rose-de-Noël. Mais la joie de cette dernière fut près d'aller jusqu'à la folie quand elle vit, dans une armoire que la Brocante n'avait pas aperçue, attendu qu'elle était prise dans la muraille, toutes sortes d'écharpes grecques et arabes, toutes sortes de résilles et de ceintures espagnoles, toutes sortes de colliers et d'épingles à cheveux.

C'était pour Rose-de-Noël, avec ses instincts pittoresques, le trésor des trésors, une véritable cachette des *Mille et une Nuits*.

Et ce tapis, ce tapis si doux et si velouté, où elle pourrait tout à son aise marcher avec ses jolis pieds nus.

On s'installa dans l'appartement dès le même jour, et nul, pas même la Brocante, ne regretta le taudis de la rue Triperet.

Le lendemain, on eut la visite de Pétrus.

Il venait voir comment se trouvaient les nouveaux emménagés.

Tout le monde était dans la jubilation,

y compris les chiens dans leurs niches et la corneille sur son clocher.

Cependant on n'était pas sans inquiétude sur ce que demanderait Pétrus en échange de tout ce bien-être donné au nom de la fée Carita.

Car enfin il était probable que Pétrus demanderait quelque chose.

Pétrus demanda purement et simplement que Rose-de-Noël vînt poser dans son atelier, soit avec la Brocante, soit avec Babolin, soit même avec tous deux.

Rose-de-Noël, sans trop savoir ce qu'on lui demandait, acceptait de premier bond.

La Brocante demanda jusqu'au lendemain pour prendre conseil de quelqu'un sur ce qu'elle devait faire.

Pétrus lui laissa toute liberté.

Ce quelqu'un qu'elle désirait consulter, c'était Salvator.

Aussi, derrière Pétrus, Babolin se mettait-il en course pour relancer Salvator dans la rue aux Fers, et le prier, quand il aurait un instant, de venir voir *la maison de la fée!*

Salvator vint le même jour.

Son avis fut que Rose-de-Noël pouvait

parfaitement accorder à Pétrus la faveur qu'il demandait.

Rose-de-Noël avait toujours paru à Salvator une nature fine et distinguée ; il y avait une espèce d'instinct de l'art dans ce sentiment du pittoresque qu'elle déployait à tout propos.

Elle ne pouvait que gagner à être mise en contact avec ces organisations d'élite que l'on appelait Pétrus, Jean Robert, Ludovic et Justin, c'est-à-dire avec la peinture, la poésie, la science et la musique.

Quant à la façon dont on agirait avec elle, la Brocante pouvait être tranquille, Rose-de-Noël serait traitée en sœur.

Salvator invita donc la Brocante à ne pas attendre que Pétrus se donnât la peine de revenir, mais à aller chez lui la première.

Le lendemain, à dix heures, l'enfant et la vieille frappaient à la porte de Pétrus.

La porte ouverte, et à la vue de cet atelier merveilleux, Rose-de-Noël poussa bien d'autres cris de joie et d'étonnement que ceux qu'elle avait poussés en voyant la chambre de la Brocante et même la sienne.

D'abord, de tous côtés et sous toutes sortes de costumes le portrait de la fée Carita.

Puis, à côté de cela, mille objets dont

elle ignorait non-seulement l'usage, mais encore les noms.

Il fallut lui dire comment s'appelai chaque chose et à quoi chaque chose servait.

Cependant elle parut reconnaître le piano. Ses doigts se posèrent sur les touches, elle en tira quelques accords qui prouvaient qu'autrefois elle avait étudié les premiers éléments de la musique.

Mais presque aussitôt, comme épouvanvantée par quelque souvenir terrible, elle referma le piano et s'éloigna de lui.

Puis elle voulut voir travailler Pétrus.

Pétrus travailla.

L'enfant jetait des cris de joyeux étonnemens en voyant les objets qu'il plaisait à Pétrus de reproduire, naître sous son pinceau.

Pétrus alors lui expliqua plus clairement ce qu'il désirait d'elle.

Pétrus ne lui eût pas demandé son portrait, que Rose-de-Noël l'eût supplié de le faire.

Tout fut donc bien vite convenu.

Dès le jour même, Rose-de-Noël poserait.

Le lendemain et les jours suivants, Pétrus l'enverrait chercher et la ferait reconduire en voiture, et Rose-de-Noël viendrait soit avec la Brocante, soit avec Babolin.

Dès le même jour, elle renouvela connaissance avec Jean Robert et Justin.

Elle les avait déjà vus chez la Brocante, on se le rappelle, le jour de la catastrophe.

Le lendemain, ce fut au tour de Ludovic.

Ludovic, sur la prière de Salvator, examina l'enfant avec la plus grande attention.

Ses membres étaient grêles, faibles, délicats, mais aucun organe n'était menacé. Ludovic traça une hygiène à laquelle Salvator ordonna à la Brocante de se conformer.

Au bout de huit jours sous la direction de Justin, Rose-de-Noël connaissait toutes les notes et commençait à jouer sur le piano les airs les plus faciles.

Il est vrai qu'en musique elle avait plutôt l'air de se souvenir que d'apprendre.

En outre, elle savait par cœur quelques-uns des plus beaux vers de Lamartine et de Hugo, que lui avait appris Jean Robert et qu'elle récitait avec une justesse et une expression étonnantes.

Enfin, elle faisait à tout moment promettre à Pétrus de lui apprendre à peindre.

Le jour où nous l'avons vue posant dans l'atelier, Rose-de-Noël en était à sa dixième séance.

Salvator venait presque tous les jours. Le hasard fit que, ce jour-là, pour la première fois, il vînt avec son chien, Pétrus l'ayant prié d'amener Roland pour remplir un coin vide de son tableau de Mignon.

On a vu ce qui s'était suivi de la rencontre de Roland et de Rose-de-Noël.

Le lendemain de ce jour-là, vers huit

heures du matin, au moment où Rose-de-Noël venait de se lever, on frappa trois coups à la porte, et Babolin, qui avait été chargé d'introduire les visiteurs comme étant le plus jeune et le voisin le plus proche de la porte d'entrée, Babolin alla ouvrir cette porte.

On entendit aussitôt retentir ces mots:

— Ah ! c'est notre bon ami M. Salvator.

Le nom de Salvator était magique dans la maison. Il fut à l'instant même répété, avec une joyeuse intonation, par la Brocante et par Rose-de-Noël.

— Oui gamin, c'est moi, répondit Salvator.

Salvator entra et Rose-de-Noël lui sauta au col.

— Bonjour, bon ami, dit-elle.

— Bonjour, mon enfant, fit Salvator en regardant avec attention si les tons rosés de ses joues étaient dus à un retour de bonne santé ou à la présence de la fièvre.

— Et Brésil? demanda la petite fille.

— Brésil est fatigué ce matin, il a couru toute la nuit. Je te l'amènerai un autre jour.

— Bonjour, monsieur Salvator, dit en dernier la Brocante, qui s'était aperçue qu'il y avait une glace dans sa chambre, et qui avait jugé à propos de se peigner depuis quelques jours. Eh ! quel bon vent nous procure le plaisir de votre visite ?

— Je vais te le dire, répondit Salvator en regardant autour de lui. Mais d'abord, comment te trouves-tu dans ton nouveau logement, Brocante ?

— Commè dans un vrai paradis, monsieur Salvator.

— Avec cette exception qu'il est habité par le diable. Enfin, c'est un compte à régler entre Dieu et toi. Moi je ne m'en mêle pas, et toi, Rose-de-Noël, comment te trouves-tu ici ?

— Si bien que je ne puis pas croire que j'y suis, quoiqu'il me semble que j'y aie toujours été.

— Alors, tu ne désires rien?

— Non, monsieur Salvator, rien que votre bonheur et celui de la princesse Régina, répondit Rose-de-Noël.

— Hélas! mon enfant, dit Salvator, Dieu ne t'accorde, j'en ai bien peur, que la moitié de ton désir.

— Il ne vous est rien arrivé de malheureux! demanda l'enfant avec inquiétude.

— Non! dit Salvator, je suis, moi, le côté souriant et joyeux de ton souhait.

— Alors, demanda Rose-de-Noël, c'est la princesse qui est malheureuse ?

— J'en ai peur.

— Ah ! mon Dieu ! dit Rose-de-Noël les larmes aux yeux.

— Bah ! dit Babolin, puisqu'elle est fée, cela ne durera pas.

— Comment peut-on être malheureuse avec deux cent mille livres de rente ? demanda la Brocante.

— Tu ne comprends pas cela, n'est-ce pas, Brocante ?

— Ah ! ma foi non, dit celle-ci.

— Dis donc, la mère, dit Babolin, une idée.

— Laquelle ?

— Si la fée Carita est malheureuse, c'est qu'elle désire quelque chose qui n'arrive pas.

— C'est probable !

— Eh bien ? fais donc ta grande réussite à son intention.

— Je ne demande pas mieux, nous lui devons bien cela. Rose, donne-moi le jeu magique.

Rose fit un mouvement pour obéir.

Salvator l'arrêta.

— Plus tard, dit-il, je suis venu pour toute autre chose.

Puis, se retournant du côté de la vieille :

— Holà ! Brocante, dit-il, à nous deux.

— Qu'y a-t-il, monsieur Salvator ? demanda la bohémienne avec une certaine inquiétude dont elle ne paraissait jamais tout à fait exempte, et qui pouvait bien avoir sa source dans les ordonnances de la police sur les sorcières modernes.

— Te souvient-il de la nuit du mardi-gras au mercredi des cendres ?

— Oui ! monsieur Salvator.

— Te souviens-tu de ma visite à sept heures du matin ?

— Parfaitement.

— Te souviens-tu de ce qui a précédé cette visite ?

— Avant votre arrivée, je venais d'envoyer Babolin chez le maître d'école du faubourg Saint-Jacques.

— C'est cela même; maintenant, voyons, rappelle bien tous tes souvenirs, pourquoi avais-tu envoyé Babolin chez le maître d'école ?

— Je l'avais envoyé pour lui faire porter une lettre que j'avais trouvée dans le ruisseau de la place Maubert.

— Tu es bien sûre de ce que tu dis ?

— Très sûre, monsieur Salvator.

— Silence ! tu mens...

— Je vous jure, monsieur Salvator...

— Tu mens, te dis-je. Toi-même tu m'as dit, mais tu ne t'en souviens plus, que cette lettre avait été jetée par la portière d'une voiture qui passait.

— Ah ! c'est vrai, monsieur Salvator, mais je ne croyais pas qu'il y eût quelque importance à cela.

— La lettre a frappé contre le mur et est tombée contre la borne où était posée la lanterne. Tu as entendu le bruit de quelque chose qui se brisait contre le mur, tu as pris ta lanterne et tu as cherché.

— Vous étiez donc là, monsieur Salvator ?

— Tu sais que je suis toujours là. Maintenant, pour que cette lettre fît, en frappant contre la muraille, un bruit que tu pusses entendre, il fallait qu'il y eût quelque chose dans la lettre.

— Dans la lettre, répéta la Brocante, qui commençait à voir vers quel but l'interrogatoire marchait.

— Oui, je te demande ce qu'il y avait.

— Il y avait quelque chose effectivement, répondit la Brocante, mais je ne me rappelle plus quoi.

— Bon ! par malheur je me le rappelle, moi. Il y avait une montre.

— C'est vrai, monsieur Salvator, une toute petite montre, mais si petite, si petite...

— Oui, que tu l'avais oubliée. Qu'as-tu fait de cette montre, voyons !

— Ce que j'en ai fait ?... je ne sais, dit la Brocante en passant devant Rose-de-

Noël, comme pour dérober à Salvator la vue de la chaîne qui entourait le cou de l'enfant.

Salvator prit la main de la vieille et lui fit faire volte-face.

— Ote-toi de là ! dit-il. Qu'a donc Rose-de-Noël autour du cou ?

— Monsieur Salvator, dit la Brocante en hésitant, c'est...

— C'est, s'écria l'enfant en tirant la montre de sa poitrine, c'est la montre qui était dans la lettre.

Et elle tendit la montre à Salvator,

— Veux-tu me la donner, Rosette? dit le jeune homme.

— Vous voulez dire vous la rendre, mon bon ami. Puisqu'elle n'est point à moi, je ne pouvais la garder que tant qu'on ne la réclamait pas. Tenez, monsieur Salvator, dit la petite fille avec une larme dans les yeux, car au fond elle éprouvait quelque peine à se séparer du charmant bijou, j'en ai eu bien soin, allez !

— Merci, petite. Je tiens à te reprendre cette montre pour des raisons à moi connues.

— Oh ! je ne vous les demande pas, mon bon ami, s'écria Rose-de-Noël.

— Mais c'est une montre qui vaut au moins soixante francs, s'écria la Brocante, et, puisque je l'ai trouvée...

— J'en donnerai une autre à Rose-de-Noël et tu l'aimeras autant que celle-ci, n'est-ce pas, mon enfant?

— Oh! bien mieux, monsieur Salvator, puisque c'est vous qui me l'aurez donnée.

— En outre, voilà cinq louis et tu lui achèteras une jolie robe de demi-saison et un petit chapeau. Au premier beau jour, je veux l'emmener à la promenade; l'enfant a besoin d'air.

— Oh oui! oh oui! dit Rose-de-Noël, en sautant et en battant des mains.

La Brocante grondait, mais Salvator la regarda fixement et elle se tut.

Salvator, maître de la montre qu'il était venu chercher, fit un pas pour sortir, alors Rose-de-Noël s'attacha à lui.

— Mais non, mais non, dit Babolin jaloux de ses fonctions ; c'est à moi de reconduire M. Salvator.

— Cède-moi la place pour cette fois-ci, demanda Rose-de-Noël.

— Oh ! dit Babolin, et moi donc...

Salvator lui mit une petite pièce de monnaie dans la main.

— Toi, reste ici, dit-il.

Il comprenait que Rose-de-Noël avait quelque chose à lui dire en particulier.

— Viens, dit-il, et il emmena Rose-de-Noël.

Quand ils furent tous deux dans l'antichambre, l'enfant lui sauta au cou et l'embrassa.

— Oh! monsieur Salvator, dit-elle, que vous êtes bon et que je vous aime!

Salvator la regarda et sourit.

— N'avais-tu rien autre chose à me dire, Rosette? demanda-t-il.

— Non, dit l'enfant en le regardant tout étonnée, je voulais vous embrasser, voilà tout.

Salvator l'embrassa à son tour et sourit une seconde fois.

Seulement, dans ce second sourire, il y avait une suprême félicité.

Cette tendresse de l'enfant faisait sur le cœur endurci de l'homme l'effet des premiers rayons du soleil sur la terre engourdie.

Il caressa doucement avec sa main la joue brune de l'enfant.

— Merci, petite, dit-il, tu ne sais pas le bien que tu m'as fait.

Puis, s'arrêtant et la regardant, il se demanda à lui-même s'il devait profiter de ce moment pour lui demander si elle n'avait point un frère.

Mais après une seconde de réflexion :

— Oh! non! dit-il, elle est trop heureuse maintenant ; plus tard.

Et l'ayant embrassée encore une fois, il sortit.

XI

Stabat mater dolorosa.

Salvator, en quittant la rue d'Ulm, prit la rue des Ursulines, la rue Saint-Jacques et gagna le faubourg.

Le lecteur a deviné où il allait.

Arrivé à la porte du maître d'école, il sonna.

La sonnette correspondait au premier, pour que les visiteurs ne dérangeassent point Justin dans ses classes.

Ce fut sœur Céleste qui vint ouvrir.

Le visage pâle de la jeune fille se teinta de rose en voyant Salvator.

— M. Justin est-il ici? demanda le jeune homme.

— Oui, répondit sœur Céleste.

— Dans sa classe, ou chez lui?

— Chez ma mère : montez. Nous parlions de vous quand vous avez sonné.

Cela arrivait souvent à la pauvre famille de parler de Salvator.

Ils montèrent l'escalier, laissèrent à gauche la chambre vide de Mina, et entrèrent chez madame Corbie.

Autour du poêle qui servait de point de réunion à la famille étaient la vieille aveugle, le bonhomme Müller et Justin.

Rien n'était changé, si ce n'est que tous les visages avaient vieilli de dix ans en six semaines.

La mère Corbie surtout était effrayante à voir.

Sa figure était jaune comme de l'ivoire,

ses cheveux étaient d'un blanc d'argent.

Elle se tenait courbée vers la terre et ne semblait pas seulement chercher à reconnaître celui qui venait d'arriver.

C'était l'incarnation de la douleur muette, immobile et sourde, de la douleur chrétienne, avec son expression sublime de patience et d'abnégation.

Elle inclina si faiblement la tête en voyant entrer Salvator et en reconnaissant sa voix, que Salvator eût pu la prendre pour une statue en pierre de la Vierge au pied de la croix.

Le bonhomme Müller, lui aussi, ressemblait à une pétrification du chagrin. Le brave homme, qui avait eu le premier l'idée du pensionnat et qui avait donné l'adresse de madame Desmarets, persistait à se croire le seul auteur du mal, et il venait recevoir les consolations de Justin au lieu de lui en donner.

Lui, Justin, n'était point aussi abattu qu'on eût pu le croire. Les premiers jours, pendant tout le temps qu'il n'avait point donné à ses classes, il était resté dans sa chambre entièrement anéanti. Mais, après avoir désespéré, après avoir eu conscience de l'immensité de sa douleur, sa douleur même le régénéra pour ainsi dire; il s'y retrempa comme dans un bain de plantes amères, et lui qui, au premier abord, semblait le plus impressionnable de la famille, ce fut lui qui, par une vigoureuse réaction sur lui-même, reprit de la force et en donna à chacun.

En voyant entrer Salvator, il se leva et alla à lui.

Le jeune homme lui tendit la main et pressa la sienne fraternellement.

Le bonhomme Müller lui tira un siége près de lui, en lui adressant, plutôt pour l'acquit de sa conscience que dans l'espérance de recevoir une réponse favorable, la question sacramentelle :

— Avez-vous des nouvelles ?

Au reste, depuis le départ de Mina, c'était le mot avec lequel chacun s'abordait.

Céleste faisait-elle un tour dans le quartier, Justin et sa mère lui demandaient :

— Quelle nouvelle ?

Était-ce Justin qui rentrait, après une sortie, si courte qu'elle fût, c'étaient alors la mère et Céleste qui faisaient à Justin la même question.

Et il en était chaque jour de même pour Müller, quand Müller venait faire sa visite quotidienne.

Les familles qui demeurent à cent pas

des champs de bataille et qui tremblent pour les êtres qui leur sont les plus chers, ne demandent pas de nouvelles de la guerre avec une plus fiévreuse anxiété.

Ce jour-là, comme nous avons dit, ce fut Müller qui adressa la question sacramentelle à Salvator.

— Oui ! répondit laconiquement celui-ci.

Céleste s'appuya contre la muraille, la mère se leva debout comme par un ressort, Justin tomba sur une chaise, Müller trembla de tous ses membres.

— Mais de bonnes nouvelles ? demanda en bégayant Müller.

Aucun des autres n'avait la force de parler.

— Oui! répondit encore le jeune homme.

— Dites! dites! firent ensemble toutes les voix.

— Oh! ne vous attendez pas, dit Salvator, à trop de bonheur, de peur d'être déçus. Ce que j'ai à vous apprendre est presque aussi triste que joyeux, presque aussi amer que doux. N'importe, je ne veux pas vous priver d'une joie, cette joie fût-elle accompagnée d'un chagrin.

— Parlez! s'écria Justin.

— Parlez! répétèrent les autres.

Salvator tira de sa poche la petite montre, et la présentant à Justin :

— D'abord, mon ami, dit-il, connaissez-vous cela?

Justin s'élança sur la montre avec un cri de joie.

— La montre de Mina! s'écria-t-il en la couvrant de baisers, la montre que je lui ai donnée au dernier anniversaire de sa naissance, la montre qu'elle aimait tant, me disait-elle, qu'elle ne la quitterait ni jour ni nuit; elle l'a quittée! Oh! dites, dites... comment l'a-t-elle quittée?

La mère s'était rassise.

Elle fit un signe de tête équivalant à ce cri qui échappa à Jacob à la vue de la robe ensanglantée de Joseph :

— Une bête féroce a dévoré mon fils !

— Non ! non ! dit vivement Salvator, qui comprit ce geste, non, soyez tranquille, non ! votre enfant n'est pas morte, non ! Mina est vivante.

Ce fut un cri de joie parmi tous les assistants.

— Je l'ai vue ! continua Salvator.

— Vous ! s'écria Justin en sautant au cou

du jeune homme et en l'enlaçant de ses bras, vous avez vu Mina !

— Oui ! mon cher Justin.

— Où ?... Quand ?... M'aime-t-elle encore ?

— Elle vous aime toujours, elle vous aime plus que jamais, répondit le jeune homme, essayant de contenir Justin et de garder son sangfroid.

— Elle vous l'a dit ?

— Elle me l'a dit, répété, affirmé.

— Quand ?

— Cette nuit.

— Mais dites-moi donc bien vite où vous l'avez vue !

— Et vous, mon cher Justin, laissez-moi le temps de vous le dire.

— C'est vrai ! dit le bonhomme Müller en tirant de sa poche un foulard pour essuyer les larmes qui jaillissaient de ses yeux, c'est vrai ! Tu veux qu'il parle, Justin, et tu ne lui donnes pas le temps de parler.

— Il aurait déjà parlé s'il pouvait le faire, dit madame Corbie en secouant la tête.

— Eh bien ! dit Justin en se rasseyant,

je ne vous interroge plus, mon cher Salvator, j'écoute.

— Écoutez donc et patiemment, mon cher Justin. Dans un but qu'il est inutile de vous faire connaître, je suis allé me promener hier soir à quelques lieues de Paris, entre onze heures et minuit. J'étais dans un parc. Là, au clair de la lune, j'ai vu à travers les arbres s'avancer une jeune fille qui est venue s'asseoir sur un banc, à quatre pas de la place où j'étais caché.

— C'était Mina... s'écria Justin, incapable de se modérer.

— C'était Mina!

— Et vous ne lui avez pas parlé?

— Je lui ai parlé, puisqu'elle m'a répondu qu'elle vous aimait toujours.

— C'est juste.

— Mais laissez donc dire, fit Müller impatienté.

— Mon frère! pria sœur Céleste.

La mère était retombée dans son immobilité et dans son mutisme.

— Un instant après, continua Salvator, un jeune homme parut et vint s'asseoir près d'elle.

— Oh! fit Justin.

— Je me trompe, il ne s'assit point, dit

Salvator. Mina le tint debout et respectueux devant elle.

— Et ce jeune homme, n'est-ce pas, c'était le comte Lorédan de Valgeneuse ?

— C'était le comte Lorédan de Valgeneuse, répéta Salvator.

— Oh! le misérable! dit Justin grinçant des dents; si jamais celui-là me tombe entre les mains...

— Silence! Justin, fit M. Müller.

— Si vous ne m'écoutez pas tranquillement, Justin, dit Salvator, je m'arrête.

— Oh! non, non, mon ami, je vous en supplie.

— J'entendis leur conversation d'un bout à l'autre, et il résulta pour moi de cette conversation, dont je ne veux pas vous rapporter les détails, que M. Lorédan de Valgeneuse a obtenu contre vous un mandat d'amener.

— Un mandat d'amener ! s'écrièrent tous les assistants.

Seule, madame Corbie resta muette.

— Mais de quoi l'accuse-t-on ? demanda M. Müller.

— Oui ! de quoi m'accuse-t-on, reprit Justin.

— Du crime de détournement et séquestration de mineure, crime prévu par les articles 354, 355 et 356 du Code pénal.

— Oh! le misérable! ne put s'empêcher de s'écrier à son tour le bon M. Müller.

Justin garda le silence, la mère, immobile, nous l'avons dit, n'avait pas prononcé une parole, n'avait pas changé de visage.

— Oui, c'est un grand misérable, dit Salvator, mais c'est un misérable tout puissant et placé si haut que nous ne pouvons l'atteindre.

— Et cependant!... reprit énergiquement Justin.

— Oui, et cependant il faut l'atteindre,

n'est-ce pas? continua Salvator; c'est votre pensée et c'est la mienne aussi.

— Si j'allais trouver cet homme? s'écria Justin en se levant, comme prêt à partir.

— Si vous alliez le trouver, Justin, dit Salvator, il vous ferait arrêter par son suisse et conduire à la Conciergerie.

— Mais, si j'y allais, moi, un vieillard? dit Müller.

— Vous, monsieur Müller, il vous ferait prendre par ses domestiques et conduire à Bicêtre.

— Mais, qu'y a-t-il donc à faire? s'écria Justin.

— Faire ce que fait notre mère, prier....
dit sœur Céleste.

En effet, la mère priait à voix basse.

— Mais enfin, dit Justin, vous lui avez parlé, vous avez donc encore quelque chose à nous dire ?

— Oui, j'ai à vous achever mon récit. Mina fut admirable de pudeur et de dignité : Justin, c'est une sainte jeune fille, aimez-la de toute votre âme.

— Oh ! s'écria le jeune homme, je l'aime, je l'aime !...

M. Lorédan s'éloigna, laissant Mina seule. Ce fut alors que je pensai qu'il était temps de me montrer. Je m'approchai de la pauvre enfant qui, agenouillée sur le sable, demandait conseil et secours à Dieu. Il me suffit de prononcer votre nom pour me faire connaître. Elle me demanda comme vous, qu'y a-t-il à faire ; et, comme à vous, je répondis : Attendre et espérer.

Alors elle me raconta dans tous ses détails l'enlèvement et ses suites ; comment, emportée dans une voiture à travers les rues de Paris, elle fut forcée, pour vous faire parvenir sa lettre, d'en faire l'enveloppe de sa montre. La montre devait être chez celle qui vous a envoyé la lettre ; j'y allai, je la réclamai. La Brocante niait Rose-de-Noël me la rendit.

Justin baisa de nouveau la petite montre.

— Vous savez le reste, dit Salvator, et très prochainement je vous dirai ce qu'il me semble convenable de faire.

Et, ayant dit ces mots, il salua, faisant, tout en saluant, à Justin signe de le reconduire.

Justin comprit ce signe et le suivit.

Madame Corbie demeura aussi immobile à la sortie de Salvator qu'elle était restée immobile à son entrée.

XII

Initiation.

Les deux jeunes gens descendirent dans la chambre à coucher de Justin, c'est-à-dire dans la salle où se faisait la classe.

Or, la classe était vide, les enfants ayant congé, vu la solennité du jour, qui était un dimanche.

Ce fut Salvator qui fit signe à Justin de s'asseoir.

Justin prit une chaise, Salvator s'assit sur une table.

— Maintenant, dit Salvator en passant la main sur l'épaule de Justin, maintenant, mon cher ami, prêtez-moi toute votre attention, et ne perdez pas un mot de ce que je vais vous dire.

— J'écoute, car je me suis bien douté que vous n'aviez pas tout dit devant ma mère et ma sœur.

— Et vous aviez raison. Il y a de ces choses qu'on ne dit pas devant une mère et devant une sœur.

— Parlez, j'écoute !

— Justin, vous ne retrouverez pas Mina par les moyens ordinaires.

— Oui, mais par votre intermédiaire, je la reverrai, n'est-ce pas ?

— Soit! seulement tout doit d'abord être bien arrêté entre nous.

— Que je la revoie, que je sache où elle est, et le reste me regarde.

— Vous vous trompez, Justin. A partir de ce moment c'est moi que tout regarde. Oui, vous la reverrez puisque je vous le promets ; oui, vous l'enlèverez, c'est possible, facile même ; oui, vous la cacherez de manière à ce qu'on ne la retrouve pas, elle ; mais on vous retrouvera, vous !

— Eh bien, après ?

— Vous, retrouvé, vous êtes arrêté, emprisonné.

— Que m'importe ! il y a une justice en France ; on reconnaîtra mon innocence tôt ou tard et Mina sera sauvée.

— Tôt ou tard, avez-vous dit ? J'admets le *tôt ou tard*, quoique, sur ce point, je ne sois pas de votre avis ; seulement, je suis obligé de caver au pis. Mettons que votre innocence sera reconnue — mais tard — croyez que je vous fais une grande concession — au bout d'un an, par exemple. Eh bien, pendant cette année ; qu'arrivera-t-il de votre famille ? La misère entrera par la porte que votre sortie aura laissée ouverte; votre mère et votre sœur mourront de faim.

— Non ! car les bons cœurs leur viendront en aide.

— Ah ! comme vous vous trompez, mon pauvre Justin. Les Valgeneuse ont les cent bras de Briarée. De même qu'il leur aura suffi d'étendre un de ces bras pour vous ouvrir la porte d'un cachot, de même des quatre-vingt-dix-neuf autres qui leur resteront, ils traceront autour de votre famille un cercle que la pitié n'osera franchir. Les bons cœurs viendront en aide à votre mère et à votre sœur. Qu'entendez-vous par bon cœur? Jean Robert, un poète, qui est riche aujourd'hui comme M. Laffitte, qui demain est plus pauvre que vous. Pétrus, un peintre, homme de fantaisie, qui fait des tableaux pour lui et non pour le public, qui vit non pas de son pinceau, mais en mangeant son pauvre petit patrimoine ; Ludovic, un médecin de talent, de mérite, de génie même si vous voulez, mais un médecin sans clientèle. Moi, un pauvre commissionnaire, qui vis au jour le jour, et qui ne puis jamais répondre du lendemain. Votre mère et votre sœur sont bonnes chrétiennes, et il leur restera l'Église. Un des cardinaux les plus influents de l'époque est parent des Valgeneuse. Le bureau de bienfaisance? le président du bureau est lui-même un Valgéneuse. Elles auront recours au préfet de la Seine, au ministre de l'intérieur. Elles recevront vingt francs une fois donnés, et encore les recevront-elles quand on saura qu'elles sont la mère et la sœur d'un homme arrêté sous la prévention d'un crime entraînant peine de galères?

— Mais que me reste-t-il donc à faire? s'écria Justin, tout frémissant de rage.

Salvator appuya plus fortement sa main sur l'épaule de Justin, et, fixant son regard sur le sien :

— Que feriez-vous, Justin, demanda-t-il, si un arbre menaçait de tomber sur votre tête?

— J'abattrais l'arbre, répondit Justin, qui commençait à comprendre la métaphore de son ami.

— Que feriez-vous si quelque bête féroce échappée d'une ménagerie parcourait la ville ?

— Je prendrais un fusil et je tuerais la bête féroce.

— Alors, dit gravement Salvator, vous êtes celui que j'espérais : écoutez-moi donc.

— Je crois vous comprendre, Salvator, dit Justin, appuyant à son tour la main sur la cuisse de son ami.

— Certes, reprit Salvator, celui-là qui pour venger une injure personnelle apporterait le désordre dans la cité, celui-là qui, parce que sa maison brûle, tenterait d'incendier la ville, celui-là serait un sot, un méchant ou un fou. Mais celui-là, Justin, qui aurait sondé les plaies de la société et qui se dirait : « Je connais à fond le mal, cherchons le remède, » celui-là ferait œuvre de bon citoyen, celui-là serait un honnête homme. Justin, je suis un des membres désolés de cette grande famille humaine opprimée par quelques intrigants. Jeune, j'ai plongé à fond dans cet Océan que l'on nomme le monde, et, comme le pêcheur de Schiller, je suis revenu plein d'épouvante. Alors je suis rentré en moi-même, et j'ai médité sur les misères de mes semblables. Je les ai tous vus défiler devant moi, les uns comme des bêtes de somme pliant sous un fardeau qui dépassait leurs forces, les autres comme des moutons que le boucher conduit à l'abattoir. A cet aspect, j'ai eu honte de mes semblables, j'ai eu honte de moi-même, je me suis fait l'effet d'un homme qui verrait dans un bois un autre homme attaqué par des voleurs, et qui, caché derrière un arbre, le laisserait dévaliser, meurtrir, poignarder, sans lui porter secours. Tout en gémissant sourdement, je me suis dit qu'à tout, excepté à la mort, il y avait remède, et encore que la mort n'était qu'un mal individuel, sans même être un accident pour l'espèce. Un jour qu'un mourant me montrait ses blessures, je lui ai demandé : « Qui te les a faites ? » et il m'a répondu : « C'est la société, ce sont tes semblables. » Alors j'ai arrêté la parole sur ses lèvres, et je lui ai dit : — Non, ce n'est point la société, non, ce ne sont point mes semblables qui t'ont frappé. Ils ne sont pas mes semblables ceux qui t'attendent au fond d'un bois et te dérobent ta bourse ; Is ne sont pas tes semblables ceux qui te lient les mains et qui t'égorgent. Ceux-là, ce sont les méchants qu'il faut combattre, les herbes empoisonnées de la plaine qu'il faut arracher.

— Le puis-je, me répondit le blessé, je s is seul.

— Non ! répondis-je en lui tendant la main, nous sommes deux.

— Nous sommes trois, dit Justin en saisissant la main de Salvator.

— Tu te trompes, Justin, nous sommes cinq cent mille.

— Bien! dit Justin, dont les yeux rayonnèrent de joie, et que Dieu m'a entendu me renonce pour un des siens, le jour où j'oublierai ou renierai les paroles que je dis.

— Bravo, Justin.

— A bas ce misérable gouvernement d'idiots, d'intrigants et de jésuites qu'on a impudemment nommé la Restauration et qui n'est que le souffle de l'étranger répandu sur la France.

— Assez, dit Salvator, soyez à cinq heures chez moi et prévenez que vous ne rentrerez point chez vous de la nuit.

— Où allons-nous ?

— Je vous le dirai à cinq heures.

— Faut-il prendre des armes ?

— C'est inutile !

— A cinq heures ?

— A cinq heures !

Les deux jeunes gens se quittèrent. Il ne leur avait fallu qu'un instant, comme on voit, à l'un pour faire, à l'autre pour accepter une proposition dans laquelle tous deux risquaient leur tête.

Mais il en était ainsi de l'état des esprits à cette époque. Il y avait un souvenir qui rendait braves les plus timides, — féroces les plus doux. Ce souvenir, c'était celui de l'ennemi envahissant deux fois la France. Cette odieuse et terrible invasion, qui n'est qu'un fait historique pour la génération de 1850, était une apparition enflammée et sanglante pour celle de 1827. Chacun de nous se rappelait, en province, les blessés de Montmirail, de Champaubert et de Waterloo ; à Paris, ceux de la butte Saint-Chaumont et de la barrière de Clichy. La haine était une œuvre nationale, et le mot de Lafayette : « L'insurrection est le plus saint des devoirs, » était devenu la devise de la France.

Le jour où nous raconterons cette époque au point de vue de l'histoire générale, nous serons plus justes envers elle, comme philosophe, que nous ne le sommes aujourd'hui comme romancier.

A cinq heures, Justin était chez Salvator.

Salvator présenta Justin à Fragola.

— Je t'ai promis, dit-il, un accompagnateur et un maître de chant pour Carmélite. Voilà déjà la moitié de ce que j'ai promis. Justin, rappelez-vous cette belle jeune fille que nous avons vue expirante, à Meudon, sur son lit de douleur; elle souffre : c'est notre sœur. Je lui ai promis, par la bouche de Fragola, votre aide et celle de M. Müller.

Justin répondit par un sourire qui mettait sa vie à la disposition de Salvator.

— Et maintenant, dit celui-ci, partons !

Et se retournant vers Fragola, et l'embrassant comme un père embrasse son enfant, car, tout jeune qu'il fût, Salvator avait pris à la douleur quelque chose de grave et de paternel, l'embrassant, disons-nous, comme un père embrasse son enfant, bien plus que comme un amant embrasse sa maîtresse, il descendit l'escalier le premier, en commandant à Brésil tout désolé de rester avec Fragola.

Justin le suivit silencieux.

On traversa, sans échanger une parole, toute cette portion de Paris qui s'étend de la place Saint-André-des-Arts à la barrière Fontainebleau.

Arrivé là, et voyant que Salvator s'engageait sur la route, Justin rompit le silence.

— Où allons-nous ? demanda-t-il.

— A Viry-sur-Orge, dit Salvator.

— Qu'est-ce que c'est que Viry-sur-Orge ?

— Vous ne devinez pas ?

— Non !

— C'est le village où j'ai vu Mina hier.

Justin s'arrêta court et tout frissonnant.

— Et vous allez me la faire voir ? s'écria-t-il.

— Oui, répondit Salvator souriant à l'aspect de cette pâleur qui envahissait les joues de Justin, signe de joie qu'il eût été difficile de distinguer d'un signe de terreur.

— Et quand me la ferez-vous voir ?

— Ce soir même.

Justin porta ses deux mains à ses yeux et chancela. Salvator le soutint en passant son bras autour de son corps.

— Oh! mon cher Salvator, dit Justin, vous allez me prendre pour une femme, et vous n'aurez plus confiance en moi.

— Vous vous trompez, Justin, car si je vous vois faible dans la joie, je vous ai vu fort dans la douleur.

— Oh! murmura Justin, et ma mère, ma pauvre mère qui ne sait pas combien je vais être heureux.

— Demain, vous lui direz tout, et elle n'aura rien perdu pour attendre.

Dans son désir d'arriver promptement à Viry-sur-Orge, Justin proposa de prendre une voiture, mais Salvator lui fit observer qu'il ne pouvait voir Mina que de onze heures à minuit et que par conséquent il était inutile d'arriver à Juvisy trois ou quatre heures d'avance. Sa présence réitérée à la *Cour de France* pouvait d'ailleurs donner des soupçons.

Justin se rendit à l'observation de Salvator. Il fut résolu que non-seulement on irait à pied, mais encore que l'on s'arrangerait de manière à n'arriver au parc du château qu'à onze heures du soir.

Une fois en plaine, les deux voyageurs rompirent le silence, qu'ils avaient gardé en traversant Paris. La conversation, contenue jusque-là, prit un tour plus libre, une allure plus vive. Il semble que les pensées intimes ont besoin, comme les plantes, du grand air pour s'exhaler.

Salvator reprit l'initiation au point où il l'avait laissée dans la chambre du maître d'école : il expliqua à Justin dans ses détails les plus cachés les secrets du carbonarisme ; il lui en révéla l'organisation, il lui en dit le but, il lui montra la franc-maçonnerie prenant sa source mille ans avant le Christ dans le temple de Salomon, d'abord ruisseau, puis torrent, puis rivière, puis fleuve, puis lac, puis océan.

Justin, en entendant un homme de l'âge

et de la condition de Salvator faire de la société une histoire aussi complète et aussi rapide en même temps, écoutait les paroles du jeune homme avec le même respect qu'il eût écouté celles d'un apôtre.

Et en effet, Salvator, doué de la faculté si rare de généraliser, Salvator, en peu de temps et en peu de mots, avait, comme Cuvier fit pour le monde physique, retrouvé, décomposé et recomposé l'histoire morale de la société.

FIN DU QUATORZIÈME VOLUME.

TABLE

Des chapitres du quatorzième volume.

		Pages
CHAP I.	Le rendez-vous.	1
— II.	Où Jean Robert donne sa langue au chien.	23
— III	L'homme qui connaît son chien et l'homme qui connaît son cheval	45
— IV.	A travers champs.	67
— V.	Le parc où le rossignol chantait.	95
— VI.	Pourquoi le rossignol ne chantait pas.	121
— VII.	Explications.	145
— VIII.	La route.	171
— IX.	Les articles 354, — 355, — et 356.	195
— X.	La maison de la fée.	221
— XI.	Stabat mater dolorosa	267
— XII.	Initiation.	289

Fin de la table du quatorzième volume.

Fontainebleau. — Imp. de E. Jacquin.

Ouvrages d'Eugène Sue.

La Famille Jouffroy.	7 vol.
Mémoires d'un mari	4 vol.
Fernand Duplessis.	6 vol.
Gilbert et Gilberte	7 vol.
La marquise d'Alfi	2 vol.
L'Institutrice	4 vol.
Les Enfants de l'Amour	4 vol.

Ouvrages d'Alexandre Dumas.

Les Mohicans de Paris	8 vol.
Catherine Blum	2 vol.
Vie et aventures de la princesse de Monaco.	5 vol
El Saltéador.	3 vol.
Souvenirs de 1830 à 1842	4 vol.
Un Gilblas en Californie.	2 vol.
Les Drames de la Mer.	2 vol.
Le Pasteur d'Ashbourn.	8 vol.
Conscience	5 vol.
Olympe de Clèves	9 vol.
La Comtesse de Charny.	16 vol.
Le Trou de l'Enfer	4 vol.
Dieu dispose	6 vol.
La Femme au collier de velours	2 vol.
Histoire d'une colombe	2 vol.
Ange Pitou	8 vol.
Le Collier de la reine	11 vol.
Le Véloce.	4 vol.
Mariages du père Olifus.	5 vol.
Les mille et un fantômes	2 vol.
La Régence	2 vol.
Louis XV	5 vol.
Louis XVI	5 vol.
La comtesse de Salisbury	6 vol.

Fontainebleau, imp. de E. Jacquin.

www.ingramcontent.com/pod-product-compliance
Lightning Source LLC
Chambersburg PA
CBHW071329150426
43191CB00007B/672